I0825861

L'HERMITE

DE

LA CHAUSSÉE-D'ANTIN.

DE L'IMPRIMERIE DE PILLET.

LE CAFÉ DES COMÉDIENS.

Nº LXXIII. pag. 191.

Alex. Desenne, del. 1813.

Maradan jeune, Sculp.

L'HERMITE

DE

LA CHAUSSÉE-D'ANTIN,

OU

OBSERVATIONS

SUR LES MŒURS ET LES USAGES PARISIENS

AU COMMENCEMENT DU XIXe SIÈCLE.

> Chaque âge a ses plaisirs, son esprit et ses mœurs.
>
> BOIL. *Art Poét.*

TOME TROISIÈME.

A PARIS,

CHEZ PILLET, IMPRIMEUR-LIBRAIRE,

RUE CHRISTINE, N° 5.

1813.

AVIS DE L'ÉDITEUR.

Le succès progressif de cet Ouvrage nous a déterminé à en publier un volume tous les six mois.

Les deux premiers volumes renferment cinquante-neuf numéros ; nous avons commencé celui-ci par le numéro soixante, et nous continuerons cette série dans tout le cours de l'ouvrage.

Le tome IV paraîtra le 15 décembre prochain.

L'HERMITE

DE

LA CHAUSSÉE-D'ANTIN.

N° LX. — 9 *janvier* 1813.

LES ÉPOQUES DE LA GALANTERIE FRANÇAISE.

In amore hæc insunt omnia.

TER., *Eun*., act. 1, sc. 1.

Toutes ces bizarreries appartiennent à l'amour.

Il y aurait un joli poëme à faire sur ce sujet : d'abord il serait court (ce qui n'est pas un petit avantage, aujourd'hui que la langue des dieux est à l'usage de si peu de mortels) : pour peu que l'auteur appartînt à l'école moderne, qu'il se complût à décrire, que d'occasions n'aurait-il pas de multiplier les descriptions de *tournois*, de *pélerinages*, de *moutiers*, de *boudoirs*, de *clair-de-lune* ? Et, s'il arrivait qu'il fût imbu de ce vieux principe, que pour être lu plus d'une fois, quelque chose qu'on écrive, il faut intéresser par l'action, par les caractères ou par les sentimens, de combien d'épisodes héroïques, satiriques, tragiques et mélancoliques un pareil sujet ne serait-il pas la source ? Pour le plan, ne pourrait-on pas supposer qu'il s'est élevé un débat très-vif dans les Champs-Elysées entre Clotilde de Surville, Mme de la Suse, la duchesse de Berri, et telle autre beauté de notre tems qui aurait quitté récemment la terre ? Chacune de ces dames aurait la prétention d'établir que l'époque où elle à vécu était celle de la plus brillante ou de la plus aimable galanterie; chacune apporterait ses exemples et ses preuves; l'amour serait pris pour juge, et prononcerait, comme à son ordinaire, sans égard au bon droit, en faveur de celle dont la grâce et la figure auraient le mieux défendu la cause. Après avoir indiqué à la poésie ce sujet de tableau, essayons en humble prose d'en esquisser les principaux traits.

« Il n'y a plus de politesse, plus de galanterie; la révolution a détruit entièrement ces qualités aimables qui distinguaient notre nation entre tous les peuples de l'Europe. »

Tel est le reproche indirect que j'entends chaque jour adresser à nos jeunes gens; je ne prétends pas dire qu'il n'est pas fondé à quelques égards, mais je réponds du moins qu'il n'est pas nouveau. Lorsque j'entrai dans le monde, mon aïeule exaltait sans cesse, aux dépens des hommes de mon âge, les manières aisées, brillantes des jeunes seigneurs de la cour du Régent; ma mère déclamait, de son côté, contre les formes gourmées que la dévotion avait introduites à la cour du Dauphin. Quelques vingt ans après, les *talons rouges* de Versailles traitaient de palefreniers les jeunes anglomanes de la nouvelle cour. Que faut-il conclure de ces plaintes périodiques? Que la politesse et la galanterie sont sujettes à de fréquentes variations, et que soutenir qu'elles n'existent plus parce qu'elles se manifestent sous d'autres aspects, c'est ressembler à cet homme qui prétendait qu'on ne portait plus de vêtemens, parce que la mode avait changé. En parcourant les annales de notre histoire, on sera surpris des formes diverses sous lesquelles la galanterie s'y présente, et des rôles différens qu'elle y joue. Aventureuse et chevaleresque sous les preux de la seconde race, elle devient triste et sévère sous les premiers rois de la troisième, qui n'avaient point encore de cour, et ne vivaient entourés que des officiers de leur maison.

L'époque des Croisades ramène la galanterie aux formes héroïques et religieuses, en y joignant une teinte sentimentale qu'elle n'avait point encore connue. C'est dans la Palestine qu'un amant doit aller conquérir le cœur de *sa dame;* c'est par son ordre qu'il entreprend ce belliqueux pélerinage. Il a reçu de ses mains une écharpe qu'il porte dans les combats, et que son écuyer doit rapporter, teinte de sang, aux pieds de sa maîtresse, si le galant chevalier vient à tomber sous le fer des infidèles.

On appelait alors l'Amour *l'Entrepreneur* de grandes choses. *Ah! si ma dame me voyait!* disait un sir de Fleurange en montant à l'assaut. Telles étaient les lois sévères de la galanterie, que tout chevalier convaincu d'avoir mal parlé des dames, était exclu des assemblées et des tournois. La plus légère insulte faite à une femme, de quelque condition qu'elle fût, imprimait une tache ineffaçable. La discrétion était un des caractères de la galanterie de cette mémorable époque. Les amours de Thibault, comte de Champagne, et de la reine Blanche, en fournissent la preuve. Tel est le voile épais dont ils surent les couvrir, qu'après tant de dissertations historiques et critiques dont ils furent l'objet depuis cinq cents ans, la nature de leurs sentimens et de leur liaison reste encore un mystère. Il est digne de remarque que le témoignage le plus authentique que nous ayons de l'amour d'un prince, et, qui plus est, d'un poète pour une jeune et belle reine, se trouve dans une vieille chronique dont je citerai quelques lignes pour donner une idée du langage de la galanterie au treizième siècle.

« A cette besogne (c'est-à-dire à cette expédition) était la royne Blanche, laquelle dit au comte (Thibault) qu'il ne devait prendre les armes contre le roi son fils, et se devait souvenir qu'il l'était allé secourir jusqu'en sa terre quand les barons le vinrent guerroyer. Le comte regarda la royne qui tant était belle et sage ; de sorte que tout ébahi de sa grande beauté, il lui répondit : « Par ma foi, Madame, mon cœur, mon corps et toute ma terre est à votre commandement ; ne m'est rien qui vous pût plaire, que ne fisse volontiers : jamais, si Dieu plaît, contre vous ni les vôtres n'irai. » D'illec se partit tout pensif, et lui venait souvent en remembrance le doux regard de la royne et sa belle contenance. »

Dans le siècle suivant, les Troubadours donnèrent en chantant les leçons d'une galanterie subtile, diserte et recherchée : de là, ces *tensons* où d'amoureux chevaliers soutenaient la cause de leur belle ; de là, ces *cours d'amour* où les questions les plus ardues, les plus compliquées de la métaphysique galante étaient sérieusement discutées ; où les accusations publiques d'inconstance, de félonie envers sa dame étaient suivies d'arrêts quelquefois sanglans, publiés de la manière la plus solennelle, et exécutés dans toute leur rigueur.

La longue minorité de Charles VI, les malheurs de son règne, les dérèglemens d'Isabeau de Bavière, firent tout-à-coup succéder la licence la plus effrénée à la réserve la plus scrupuleuse. Bois-Bourdon paya de sa vie l'impudence de ses bonnes fortunes; le duc d'Orléans eut le même sort : le duc de Bourgogne le fit assassiner, au coin de la rue Barbette, en 1407, et cet événement fut le signal d'une guerre désastreuse, où la France fut au moment de succomber.

Le règne de Charles VII est une des époques les plus célèbres de la galanterie française : deux femmes y décidèrent, en quelque sorte, du sort de la monarchie et du monarque. Charles, endormi dans les bras d'Agnès Sorel, se réveilla en sursaut à la vue de l'héroïne de Saint-Remi; son courage se ralluma, et, prêt à suivre l'amazone sous les murs d'Orléans, il écrivit avec la pointe de son épée sur le parquet de la chambre à coucher de la tendre Agnès ces vers aussi galans qu'héroïques :

> Gente Agnès, qui tant bien m'évance,
> Dans le mien cœur demeurera
> Plus que l'Anglais en notre France.

Tous les seigneurs de la cour de Charles VII, et principalement le bâtard d'Orléans, ce beau

Dunois, *légitimé par la Victoire*, comme dit Duclos, se firent remarquer par leur bravoure et leur galanterie. J'observe, comme un fait particulier à notre histoire, que ces deux qualités se trouvent presque toujours réunies dans les personnages qu'elle cite avec le plus d'éclat. Cela doit s'expliquer par cet instinct de gloire qui fait partie du caractère des femmes françaises, et qui semble exclure les lâches du partage de leurs faveurs.

La politique ténébreuse de Louis XI, son caractère sombre, ses soupçons, ses cruautés, ses projets contre les grands vassaux ne s'alliaient pas avec les mœurs aimables du règne précédent; cependant, Marguerite d'Ecosse, qui aimait la poésie et les lettres, dont l'esprit était cultivé, maintint quelque tems à la cour de son farouche époux cette urbanité dont elle était le modèle. C'est cette même princesse qui embrassa le poète Alain Chartier, endormi dans une des salles du palais.

Vers la fin du règne de Louis XII, la galanterie reprit son empire. Le roi, à son troisième mariage, épousant une très-jeune princesse, crut devoir plier ses habitudes et ses goûts à ceux de la jeune reine. Cette complaisance précipita sa fin.

« Le bon roi (dit un historien du tems), à cause de sa femme, avait changé du tout sa manière de vivre; car où il soulait dîner à huit heures, il convenait qu'il dînât à midi; où il soulait se coucher à six heures du soir, souvent se couchait à minuit. »

Le duc d'Angoulême, depuis François Ier, devint amoureux de la reine, et cette première passion, en annonçant un goût trop violent pour les femmes, développa cette élégance de mœurs, cette politesse recherchée, ces manières de gentilhomme (comme il le disait lui-même), qui répandirent tant d'éclat sur son règne.

En montant sur le trône, à 21 ans, François Ier s'occupa d'attirer le beau sexe à sa cour et de l'y retenir par les charmes d'une galanterie chevaleresque, que la nation entière s'empressa d'imiter. Les intrigues amoureuses, les tournois, les carrousels marquèrent chaque jour d'un règne où brillèrent, au premier rang, les belles duchesses d'Etampes et de Valentinois, où l'amiral Bonnivet se distingua par ses bonnes fortunes, où le chevalier *Sans-Peur*, Bayard lui-même, ne dédaigna pas de consacrer aux belles quelques momens volés à la gloire.

Après Henri II, qui avait hérité des goûts de son père, et qui mourut victime de sa passion pour les tournois, la galanterie se déguise, pendant un demi-siècle, sous des formes si bizarres, si honteuses, si peu françaises, qu'il est impossible de la reconnaître ou d'avouer qu'on l'a reconnue.

Elle reparaît avec Henri IV, moins modeste, moins polie, mais plus naïve, plus énergique que sous François Ier. Ce billet du bon roi à la duchesse de Beaufort peindra les mœurs galantes de cette époque beaucoup mieux que je ne le pourrais faire :

« Mes belles amours, deux heures après l'arrivée de ce porteur, vous verrez ce cavalier qui vous aime fort, qu'on appelle le roi de France et de Navarre, titres certainement honorables, mais bien pénibles; celui de votre amant est bien plus délicieux. Tous trois ensemble sont bons, à quelque sauce qu'on les mette, et je suis bien résolu à ne les céder à personne. »

La galanterie était un plaisir à la cour de Henri IV; elle devint une affaire à celle de Louis XIV. Ecoutons Mme de La Fayette :

« L'ambition et la galanterie étaient l'ame de cette cour, et occupaient également les hommes et les femmes: il y avait tant d'intérêts, tant de cabales différentes, et les dames y avaient tant de part, que l'amour était toujours mêlé aux affaires, et les affaires à l'amour. Personne n'était tranquille ni indifférent : on songeait à s'élever, à plaire, à servir ou à nuire; on ne connaissait ni l'ennui ni l'oisiveté, et l'on était toujours occupé de plaisirs ou d'intrigues. »

Il est bon d'observer qu'à cette époque, la galanterie se partagea entre la cour et la ville, qu'elle les réunit souvent; mais que plus d'une fois aussi, dans le cours du grand siècle, elle les opposa l'une à l'autre. Le Marais et la Place-Royale devinrent des points de réunion où se rencontrèrent, pour la première fois, les beaux esprits et les grands seigneurs : les Grammont, les Villarceaux, les d'Effiat y donnèrent rendez-vous chez Marion de Lorme ou chez Ninon de l'Enclos, aux Segrais, aux Chapelle et aux Voiture. La galanterie de la cour était noble, décente, peut-être même un peu cérémonieuse; celle de la ville, dont Ninon tenait école, sans être d'une aussi grande réserve, n'était pourtant pas exempte d'une sorte de recherche qui tendait à alambiquer le sentiment et à mettre en crédit le jargon précieux de *Clélie* et d'*Artamène*. Un des plus beaux esprits du tems et des plus assidus adorateurs de la moderne Aspasie, Saint-Evremont, lui écrivait, pour la consoler d'une maladie qui lui faisait craindre de perdre sa beauté :

Si ce visage tant vanté
Perdait ces appas qu'on encense,
J'aimerais lors votre beauté
Comme on vous aime en votre absence.

L'excessive politesse de Louis XIV, qui ne se permettait pas de garder son chapeau sur la tête en présence d'une femme, de quelque condition qu'elle fût, n'était pas le seul modèle que se proposassent les courtisans : le brillant

Lauzun se distinguait par des manières entièrement opposées, et professait dès-lors une insolence de bon ton que l'on perfectionna par la suite. Les usages que la galanterie introduisait dans le grand monde n'étaient pas à l'abri des caprices de la mode : on se souvient que le marquis de Vardes, célèbre par l'élégance de ses manières et par les succès dont elles avaient été pour lui la source, en reparaissant à la cour après quelques années d'exil, y fut accueilli par un rire universel : il s'en plaignit au Roi avec autant de grâce que de finesse.

Sire, lui dit-il, *je m'aperçois que lorsque l'on a le malheur d'être éloigné de Votre Majesté, on est plus que malheureux, on devient ridicule.*

Les réformes que Mme de Maintenon introduisit à la cour, l'excessive retenue à laquelle le duc d'Orléans se vit contraint auprès d'un monarque livré aux pratiques les plus minutieuses de la dévotion, préparèrent ce débordement de licence, de scandale et de folie qui conserva le nom de galanterie sous la régence.

Les malheurs des dernières années du règne de Louis XIV, la fatalité qui pesait sur la famille royale, que la mort moissonna presque toute entière dans l'espace d'un an, avaient banni la galanterie d'une cour ou plutôt d'un monastère dont Mme de Maintenon était l'abbesse. Le duc d'Orléans, incapable de s'assujétir à *la règle*, se dédommageait, au Palais-Royal, de la contrainte qu'il essayait de s'imposer à Versailles, en présence de Mme de Maintenon qui le haïssait à la mort, et du roi qui le craignait, tout en lui rendant justice. *Mon neveu n'est qu'un fanfaron de crimes*, disait Louis XIV, et ce mot donne une idée plus juste du caractère du Régent, que les *Philippiques* de ses ennemis et les louanges de ses courtisans.

Quand Auguste avait bu, la Pologne était ivre.

Cette observation du grand Frédéric est surtout applicable à la France, où les mœurs du prince ont tant d'influence sur celles de la nation. A la mort de Louis XIV, la cour prit tout-à-coup une face nouvelle : Mme de Maintenon ne fut pas plutôt reléguée à Saint-Cyr, que les femmes, levant le masque de dévotion qu'elles avaient pris pour lui plaire, se montrèrent on ne peut mieux disposées en faveur des innovations galantes que le Régent préparait. Cependant, la décence que l'âge du Roi semblait commander, la présence de l'évêque de Fréjus son précepteur, les formes cérémonieuses de l'ancienne cour que le vieux maréchal de Villeroy, gouverneur de Louis XV, s'obstinait à suivre, maintenaient encore aux Tuileries un reste d'étiquette auquel le Régent cherchait tous les moyens de se soustraire. Ce fut dans cette intention qu'il autorisa l'établissement des bals masqués de l'Opéra, dont la première idée appartient à l'abbé, depuis cardinal Dubois. Le trésor public était épuisé; pour faire face à ses dépenses, à celles de ses favoris, qu'il appelait ses *roués*, au luxe de ses maîtresses, aux folies de sa fille la duchesse de Berri, le Régent eut recours aux financiers: afin d'en obtenir de l'argent, on leur facilita les moyens de s'en procurer; ils n'étaient pas gens à perdre une si belle occasion. La fortune publique passa aux mains des traitans, et n'en sortit qu'à l'aide de cette galanterie mercenaire, de ce commerce honteux entre l'opulence et la beauté, dont Le Sage, dans son *Turcaret*, nous a laissé une peinture si fidèle.

Au milieu de cette licence, de ce désordre auquel le *système* vint mettre le comble, la politesse et les grâces avaient trouvé deux refuges : *la Cour de Sceaux* et la *Société du Temple*. La première, que présidait la duchesse du Maine, après avoir renoncé aux intrigues politiques, réunissait ce que la France avait de plus illustre et de plus aimable : Fontenelle, La Motte, Saint-Aulaire en faisaient partie, et Voltaire vint y perfectionner ce goût exquis, ce tact délicat et sûr qui le distinguent entre tous les écrivains. La société du Temple, dont le grand-prieur de Vendôme était l'ame, n'était pas tout-à-fait aussi régulière; on y professait une morale un peu trop épicurienne; mais en faveur des agrémens de l'esprit, de la douceur des mœurs, des charmes d'une semblable réunion, la sagesse elle-même fermait les yeux sur ce qu'elle pouvait avoir de répréhensible.

Avant de passer à l'époque d'une galanterie nouvelle qu'amena la mort du Régent, je dois dire un mot d'un homme dont l'influence scandaleuse s'est fait sentir dans toute la durée de son siècle. Richelieu parut dans le monde avec un grand nom, une grande fortune, beaucoup d'esprit, de grâce et d'amabilité. Il dévoua sa vie entière au culte des femmes, et commença par en être l'idole. Ces premières bonnes fortunes attirèrent sur lui l'attention; il eut le bonheur ou l'adresse de se trouver deux fois en concurrence avec le Régent, et ce prince, d'ailleurs assez peu susceptible, se fâcha de manière à augmenter la réputation de son jeune rival.[1] L'engoûment des femmes de la cour, quelques intrigues romanesques dans la bourgeoisie, une aventure odieuse avec une jeune marchande de la rue Saint-Antoine, une liaison soupçonnée avec une princesse du sang, une prétendue conspiration, la Bastille, et un mariage forcé, tout concourut à faire du duc de Richelieu l'homme à la mode par excellence, le héros de la galanterie du 18e siècle. Assez heureux pour qu'on lui attribuât le succès de la bataille de Fontenoy, vainqueur à Mahon, distingué dans son ambassade de Vienne par un faste qu'il fit passer pour de la politique, ami de Voltaire (auquel il doit la plus belle partie de sa réputation), reçu avant lui à l'Académie-Française, il obtint à peu de frais tous les genres de gloire; et privé sur la fin de sa vie d'une faveur qu'il avait conservée si long-tems, il s'en consola en se faisant proclamer *le Sultan des Coulisses.*

Louis XV, marié très-jeune avec une princesse dont il se montra d'abord assez épris pour lui trouver des charmes que les courtisans eux-mêmes n'apercevaient pas, perdit trop tôt cette heureuse illusion dont la comtesse de Mailly fut la première à le faire rougir. Il n'entre point dans mon plan de suivre ce prince dans le cours de ses galanteries, qui n'eurent d'ailleurs qu'une influence très-indirecte sur les mœurs publiques, sans que celles-ci en fussent pour cela meilleures. La galanterie, à cette époque, n'eut plus rien de commun avec l'amour, pas même le désir d'une possession à laquelle on attachait beaucoup moins de prix qu'au scandale qui pouvait en résulter : on se servit de ce mot amour pour exprimer un caprice de la vanité, un lien fragile, tissu d'une soie si légère, qu'il se rompait quelquefois à l'insu de ceux qui l'avaient formé. Ce libertinage de l'esprit donna naissance à un jargon particulier, où les vices les plus honteux, les actions les plus dissolues, les aventures les plus scandaleuses trouvèrent des expressions décentes, dont la bonne compagnie adopta l'usage. Gresset en a conservé quelques traces dans sa comédie du *Méchant*; mais c'est dans les romans de Crébillon fils et dans les chansons de Collé qu'il faut en chercher la lettre et en étudier l'esprit. Le mérite d'un homme à la mode s'estimait alors, non pas même sur le nombre de femmes qu'il avait *eues* (pour parler le langage du tems), mais sur le nombre de celles qu'il avait déshonorées. Tout Paris a connu l'un des coryphées de cette misérable école, qui n'employa d'autres moyens, qui ne fit d'autres frais pour perdre vingt femmes de réputation, que d'envoyer à quatre heures du matin sa voiture à leur porte.

L'établissement du *Parc-aux-Cerfs* donna l'idée des *Petites-Maisons*, asiles mystérieux et consacrés au plaisir, d'où les femmes de la cour finirent par chasser les courtisanes. Celles-ci rentrèrent dans tous leurs droits lorsqu'après Mme de Pompadour, qui tenait le milieu entre les unes et les autres, Mme Dubarry vint si effrontément souiller le palais des rois.

Le règne suivant s'annonça par d'heureuses réformes; l'empire des courtisanes fut détruit à Versailles ; mais son siége, tranféré à *Luciennes*, conserva Paris dans sa dépendance, et l'y maintint jusqu'à la révolution. Le luxe des *Duthé*, des *Thévenin* rivalisa plus d'une fois dans les fêtes publiques avec la pompe royale. Les femmes honnêtes prirent alors un parti auquel il serait à souhaiter qu'elles eussent plus souvent recours : elles se distinguèrent par un extérieur modeste et par la simplicité de leurs vêtemens. Les hommes les prirent au mot, et comme essai des manières anglaises qu'ils venaient d'adopter, les petits-maîtres de la cour et de la ville affichèrent pour les femmes le respect le plus impertinent ; les salons, les boudoirs furent abandonnés pour la taverne, le jeu de paume et les courses de chevaux. Après avoir passé la matinée avec des *grooms* et des *jockeys*, nos élégans couraient le soir, en *chenille*, disputer à leurs valets-de-chambre des bonnes fortunes aux guinguettes ou aux théâtres des boulevarts.

Il serait indécent d'associer le mot de galanterie aux désordres affreux dont la révolution a rendu témoins ou victimes ceux qu'elle n'a pas fait complices; mais en ne prenant de ce tableau que ce qui appartient à mon sujet, je ne puis m'empêcher de remarquer qu'à cette époque terrible les femmes, à Paris sur-tout, ont su conserver, en les ennoblissant, les plus beaux traits du caractère national. On peut les diviser en deux classes : les victimes et les héroïnes. Les premières, dans les prisons, y donnaient l'exemple du courage et de cette philosophie-pratique qui fait une loi de bien employer des jours dont chaque inst at menace la durée ; les autres, vouées à des occupations plus nobles, et quoique libres encore, dans une situation non moins périlleuse, consacraient leur existence entière à sauver, à conserver ou à défendre les jours d'un père, d'un fils, d'un ami ou d'un époux, dont on les vit plus d'une fois partager volontairement l'honorable échafaud. Dans ces tems de malheurs et d'opprobres, où la pitié s'appelait révolte, où la politesse était un crime capital, l'urbanité, la grâce affectueuse, les égards mutuels, toutes les qualités aimables dont se compose le caractère français, s'étaient réfugiées dans les prisons, dont l'amour trouva souvent le moyen d'adoucir ou de dissiper l'horreur.

Le 9 thermidor arrive; à des jours de deuil succèdent tout-à-coup des jours de fête : un siècle d'oubli s'amasse en un moment sur des malheurs de la veille ; on a soif de plaisir : les soirées de l'hôtel Thélusson, du Pavillon d'Hanovre, les bals de Richelieu, de Frascati rassemblent tous ceux qui survivent, et dont le premier besoin paraît être de danser sur des ruines. Les *victimes* ont leur bal, où ces mêmes femmes, dont on admirait l'héroïsme quelques semaines auparavant, ne se distinguent plus que par la bizarrerie de leur parure et l'inconcevable légèreté de leur conduite.

Le rétablissement du pouvoir monarchique a mis fin à ces saturnales, et la France, rendue à ses vieilles institutions, a recouvré, comme par enchantement, ses mœurs, ses usages et quelque chose de cette antique galanterie dont on croyait la tradition perdue. J'entends bien de tems à autre quelques censeurs chagrins se plaindre que la jeunesse française apporte aujourd'hui dans la société des formes un peu cavalières, une confiance trop voisine de la présomption ; mais peut-on, sans injustice, exiger que des jeunes gens dont l'éducation actuelle fait si promptement des hommes qui, pour la plupart à vingt ans, ont le droit de citer leurs services et d'associer leurs noms à quelques victoires; peut-on, dis-je, exiger que nos jeunes contemporains, grandis sous les drapeaux, se présentent dans un cercle avec cette élégance de manières, cette recherche de politesse et de galanterie qui ne s'acquièrent que dans le commerce habituel des femmes, et que l'on regarde avec raison, en France, comme le complément de l'éducation? Cette dernière partie de la tâche des femmes est bien douce à remplir, et ces aimables instituteurs aiment trop la gloire pour ne pas s'associer à celle de leurs élèves.

N° LXI. — 23 *janvier* 1813.

LA JOURNÉE D'UN FIACRE.

Lætus sorte tuâ vives sapienter.
HORACE, Ep. 10.

La sagesse est de vivre heureux dans son état.

« Il est bien singulier (me disait il y a quelques jours un étranger, homme de beaucoup d'esprit) qu'il y ait dans votre langue des mots auxquels ont attache, dans la conversation, un sens tout-à-fait différent de celui qu'ils ont dans le dictionnaire ; comment voulez-vous qu'un homme qui n'est pas né sur les bords de la Seine ou de la Loire, devine que ces phrases ; *C'est un homme du monde, qui a vu le monde, qui connaît le monde*, signifient, dans leur acception nouvelle : c'est un homme de tel quartier, qui n'est jamais sorti du petit cercle où l'usage le confine, et qui ne connaît qu'une partie de la classe la moins nombreuse de la société ? » L'étranger avait raison ; mais je l'étonnai bien davantage en lui apprenant que la plupart de ceux qui font usage de cette métonymie, donnent aux mots leur valeur littérale, et croient en effet qu'il n'y a pas d'autre *monde* que celui au milieu duquel ils vivent et dont ils font partie. Essayez de leur prouver que la société se compose de plusieurs classes, qui toutes, jusqu'aux plus basses, ont leurs mœurs, leurs usages, leur physionomie particulière, dont l'examen n'est dénué ni d'intérêt, ni d'instruction, ils vous écouteront avec un profond dédain, et pourront fort bien en conclure que vous n'allez pas dans *le monde*. Il y a long-tems que je me suis mis à cet égard au-dessus de tous les préjugés du bon ton, et que pour bien connaître tous les habitans d'une maison, j'ai pris le parti de les observer à tous les étages. La prétention de tout ennoblir, d'éloigner les contrastes en ramenant tous les objets à des formes de convention, commence à se faire remarquer jusque dans les arts et dans les lettres. On craint de dégrader son burin, sa plume ou son pinceau en descendant à la peinture des scènes populaires ; et, abusant du principe que les arts ne doivent se proposer que l'imitation d'une nature choisie, on s'expose à retomber dans l'afféterie et dans la manière. Le bon goût applaudit en même tems aux beautés si différentes de Raphaël et de Teniers; aux douleurs d'*Iphigénie* et aux facéties de *Petit-Jean*. L'artiste qui ne se borne pas à peindre des arabesques, doit meubler son *Album* de figures prises dans toutes les conditions, et puisqu'il en est plusieurs dont il ne peut trouver les modèles que dans des greniers, sur les ports ou dans les cabarets, c'est là, quoi qu'on en puisse dire *dans le monde*, qu'il doit aller esquisser leurs portraits. J'ai souvent entendu dire à Préville qu'il avait pris, dans un cabaret de la Courtille, son personnage si comique de *La Rissole*. Taconet, à la même école, avait si bien étudié les allures des savetiers, que le grand acteur dont je parlais à l'instant *ne le trouvait déjà plus à sa place dans un rôle de cordonnier*. Si le peintre et l'acteur ont souvent besoin d'aller chercher des modèles au cabaret, le poète dramatique, le moraliste, le romancier doivent quelquefois aller y prendre des notes.

Ce petit préambule était nécessaire pour excuser, aux yeux des gens *du monde*, l'aventure qui me reste à raconter. Lundi dernier, j'étais allé me promener au Jardin des Plantes, et j'avais fait assez lestement une course un peu longue pour mon âge. En revenant, je m'aperçois que la promenade m'a un peu fatigué; j'étais encore loin de chez moi, je me décide à prendre une voiture : on m'indique une place de fiacres dans la rue des Filles du Calvaire; j'y trouve effectivement les voitures rangées sur le côté gauche de la rue, et les chevaux, abandonnés à *eux-mêmes*, cherchant au fond du sac qui leur pendait au col quelques grains d'avoine, reste du picotin de la journée; mais j'ai beau parcourir la file de la tête à la queue, je ne vois point de cochers. Du fond de son échoppe, une marchande de vieux linge s'aperçoit de mon embarras, et me dit obligeamment, en m'indiquant de la main un cabaret de la plus chétive apparence : « Les cochers que Mon- » sieur cherche sont à dîner chez la mère » Henry. » J'entre, et déterminé sur-le-champ par la nouveauté des observations que ce lieu me présente, au lieu d'un cocher, je demande un couvert. Bien que vêtu très-modestement, j'attirai l'attention de la mère Henry, qui me fit répéter deux fois avant de m'inviter à passer dans *la salle*, où me conduisit une petite fille armée d'une énorme cuiller à pot en cuivre étamé, pleine d'une eau grasse que l'on appelait emphatiquement du bouillon. Je trouvai dans la salle, c'est-à-dire dans une enceinte de quatre murailles charbonnées du haut en bas, une douzaine de cochers de fiacres, rangés en file aux deux côtés d'une table très-longue et très-étroite, à l'extrémité de laquelle je pris place. Après avoir trempé la soupe de mes voisins, la petite fille que j'entendis appeler Manette, vint placer devant moi un litre de vin, un gobelet de fer-blanc, une cuiller d'étain et une fourchette de fer; les couteaux, à l'usage des habitués de la maison, étaient attachés à la table par une petite chaîne de laiton. En me servant un repas très-frugal, mais moins mauvais que je ne m'y étais attendu, Manette me demanda si « j'avais apporté mon pain » ; et ma réponse négative parut ajouter à la haute opinion qu'elle avait déjà conçue de moi. Le dîner n'était qu'un prétexte; j'étais resté là pour voir et pour écouter : je n'ai pas perdu mon tems. Dans les premiers momens, la conversation n'était pas générale; chacun s'entretenait avec son voisin. Celui-ci se plaignait de son propriétaire, celui-là s'applaudissait de l'arrangement qu'il avait fait avec le sien; cet autre, mis à la journée, ne se tirait d'affaire que sur la nourriture de ses chevaux; un autre racontait toutes les petites ruses qu'il mettait en usage pour multiplier ses courses, et pour augmenter ses *pour-boires*. Je liai conversation avec le cocher qui se trouvait le plus près de moi. C'était un gros garçon de 45 ans, d'humeur assez joviale. Une bouteille de vin que je fis venir, et dont je lui versai quelques verres, m'attira toute sa confiance : en moins d'un quart-d'heure, il me mit au fait de sa vie entière. J'appris qu'il avait été tour-à-tour cocher d'une femme entretenue de chez laquelle on l'avait renvoyé pour une légère indiscrétion; palefrenier chez un jeune homme dont les créanciers avaient saisi les chevaux; courrier d'une maison de banque pour laquelle il avait fait vingt-sept fois le voyage de Hambourg. Fatigué de tant de courses, il s'était reposé deux ans au service d'un vieux médecin dont il conduisait la demi-fortune, et qui avait fini par aller rejoindre ses malades. Emporté par un mouvement d'ambition, il avait pris les rênes du carrosse d'un ministre qu'il avait eu le malheur de *verser* quelques jours d'avance sur la route de Saint-Cloud. Perdu de réputation dans toutes les écuries par ce dernier échec, il avait pris le parti de se mettre sur la place, où il se trouvait si bien, qu'il ne troquerait pas sa mauvaise houppelande contre la plus belle livrée de Paris. Tous les jours n'étaient cependant pas également heureux, mais l'un allait pour l'autre ; et, à tout prendre, une journée comme celle de la veille consolait de beaucoup d'autres. Je désirais connaître en détail cette journée si heureuse ; une seconde bouteille de vin à quinze, que je fis apporter, lui donna autant d'envie de parler que j'en avais de l'entendre.

« Samedi dernier (me dit-il) en sortant, à sept heures du matin, de chez mon bourgeois, qui demeure dans la rue de Buffault, *Petit-Gris*, mon cheval *hors la main*, détacha deux ruades.

Bon ça ! me dis-je à part moi, les aubaines seront bonnes aujourd'hui : ce présage-là ne m'a jamais manqué. En effet, comme je tournais le coin de la rue, deux hommes, dont l'un portait sous son bras une boîte carrée, m'arrêtent, montent dans ma voiture, et m'ordonnent de les conduire du côté des carrières de Montmartre : arrivés à la barrière, où se trouvent deux jeunes gens qui me font signe d'arrêter, ceux que je conduisais descendent de voiture, s'éloignent avec les autres ; je les suis au pas : ils quittent la grande route, et, du haut de mon siége, je les vois descendre dans une espèce de ravin. A peine les avais-je perdus de vue, que j'entends un bruit d'armes à feu. Quelques minutes après, un des jeunes gens que j'avais conduit accourt, me met 12 francs dans la main, et disparaît en me recommandant d'attendre les autres. Les deux hommes que j'avais rencontrés à la barrière, et dont l'un était blessé, montèrent dans ma voiture, et je les ramenai de toute la vîtesse de mes chevaux aux Bains de Tivoli. Cette course me valut encore six francs. C'est un des duels les plus lucratifs que j'aie encore eus.

» Comme je regagnais gaîment le boulevart, j'accrochai, sans le faire tout-à-fait exprès, le cabriolet d'un auditeur, qui voulut me faire mettre en fourrière. Le commissaire de police prononça en ma faveur, et le maître du cabriolet fut obligé de me payer double le tems qu'il m'avait fait perdre. Avant d'arriver sur la place, je fus pris par un Monsieur qu'à ses bas de soie et à son habit habillé (à onze heures du matin), je reconnus pour un candidat au corps législatif; je le conduisis chez tous les sénateurs de la Chaussée-d'Antin et du faubourg Saint-Honoré : il ne fut reçu nulle part, et ne m'aurait payé le tems que nous passâmes ensemble qu'aux termes de l'ordonnance, si ma montre, qui allait juste avec la sienne quand nous sommes partis, n'eût avancé d'une heure quand nous sommes arrivés. A peine avais-je déposé mon candidat à sa porte, rue Froidmanteau, qu'une femme-de-chambre me fait signe de la suivre et me place au coin de la rue Saint-Thomas-du-Louvre. Après avoir examiné s'il y avait des stores à ma voiture, elle prend mon numéro par écrit, me remet une pièce de cinq francs, et me dit d'attendre une dame qui ne tardera pas à venir, et que je reconnaîtrai à son manchon. C'était une bonne occasion pour faire déjeûner mes chevaux et pour déjeûner moi-même : je tire du caisson de la voiture mon sac à avoine ; je fais la part à mes pauvres bêtes, et je donne, comme de raison, la meilleure au *Petit-Gris*, en faveur du présage. J'allais entrer au cabaret voisin ; je vois arriver la dame au manchon qui tournait autour de ma voiture en soulevant son voile, pour lire le numéro. « C'est ici, lui dis-je, en ouvrant la portière. » Elle monte en s'appuyant sur mon bras et en regardant autour d'elle avec inquiétude ; je demande où nous allons : aux bains Saint-Joseph, me répondit-elle à demi-voix ; je monte sur mon siége, et nous y voilà. Avant de descendre, la dame, sans me demander si l'on m'a payé ma course, tire un napoléon du coin de son mouchoir où il était lié, et me dit de prendre bien vîte un écu ; elle était pressée, je le voyais ; en conséquence, je mis beaucoup de tems à dénouer ma bourse de cuir ; je me plaignis de n'avoir à rendre que des gros sous : la petite dame était au supplice ; j'offris d'aller changer dans une boutique ; elle perdit patience, comme je l'espérais, descendit de voiture, et dit en s'échappant : *Gardez tout.* — Grand-merci, notre bourgeoise, et qu'un autre vous rende tout le plaisir que vous me faites. Il était deux heures; je vais prendre la file et achever mon déjeûner au haut de la rue Montmartre. En revenant à la tête de mes chevaux, je trouve deux jeunes filles dans ma voiture, qui, d'un air délibéré, me disent de les conduire chez Charrier, sur le boulevart du Temple; arrivé là, elles m'envoient au jeu de paume demander M. Prosper; celui-ci, qui jouait une partie très-importante, et qui venait de perdre *trois chasses* de suite, m'envoya promener, en termes de joueurs malheureux; et, par réflexion, pourtant, me dit de prévenir ces dames qu'il les rejoindrait dans un moment au Jardin Turc : je les y déposai, et cette course me fut encore très-généreusement payée.

» Debout derrière mon siége, et m'en allant au pas le long du boulevart, j'additionnais sur mes doigts ce que j'avais déjà gagné; on m'appelle par mon nom du fond de la boutique d'un épicier. L'épicière était accouchée de la veille, il s'agissait d'un baptême; le fiacre qu'on avait fait venir ne suffisait pas pour tous les invités, et mon camarade m'appelait à son secours : ma voiture était la plus belle, j'eus l'honneur de transporter à l'église la garde, l'enfant, la nourrice, le parrain, la marraine, le mari et la mère de l'accouchée. Les témoins montèrent dans l'autre voiture. Cette course, dont je partageai le bénéfice avec mon camarade, me rapporta six francs pour ma part, et, de plus, un verre de cassis que l'épicier nous fit servir sur le bout du comptoir.

» L'heure du spectacle était arrivée : en attendant la sortie de l'Ambigu-Comique, jentrai chez un marchand de vin avec quelques autres cochers de fiacre ; nous jouâmes notre dîner à la triomphe ; j'étais *en bonheur*, je gagnai mon écot ; j'avais fait venir deux bouteilles de vin dont je voulais régaler mes camarades : avant qu'elles fussent bues, un petit garçon vint m'avertir qu'un monsieur et une dame, sortis du spectacle avant la fin, m'attendaient dans ma voiture. J'y cours ; une voix d'homme répondant d'avance aux questions d'usage, me crie par la portière : *A l'heure, au pas, où tu voudras.* — J'entends, notre bourgeois ; — et me voilà roulant vers la Madelaine : en face du pâté des Italiens, je me sens tirer par ma redingote; j'arrête, le monsieur descend, me donne un écu et me charge de reconduire la dame, qu'il laisse dans la voiture, rue de Gaillon, n°. . . . . .

» Ce fut là que je terminai mes courses : il n'était encore que dix heures; mais ma bourse était remplie, et mes chevaux étaient fatigués. Je retournai chez mon bourgeois; en visitant ma voiture, j'y trouvai une montre d'homme et une paire de gants de femme : je les déposai le lendemain à la Préfecture de Police; mais, par suite de mon bonheur, personne ne les réclama. »

Quand mon homme eut achevé son histoire et bu le dernier verre de vin à ma santé, il me proposa de me conduire *gratis* jusque chez moi; et je n'y consentis qu'à condition qu'il accepterait, *pour boire*, le double du prix de sa course.

N° LXII. — 27 *janvier* 1813.

LECTURES ET SUCCÈS DE SALONS.

Faites-vous des amis prompts à vous censurer ;
Qu'ils soient de vos écrits les confidens sincères,
Et de tous vos défauts les zélés adversaires ;
Dépouillez devant eux l'arrogance d'auteur,
Mais sachez de l'ami distinguer le flatteur.
Tel vous semble applaudir qui vous raille et vous joue ;
Aimez qu'on vous conseille et non pas qu'on vous loue.

BOILEAU, *Art Poét.*, chant I.

J'AI connu dans ma jeunesse un enseigne de vaisseau nommé le chevalier de Rumigny, que l'on citait, à Paris, comme l'espoir de la marine française : nous nous embarquâmes ensemble, et pendant six mois que nous passâmes à bord du même vaisseau, je me fis une occupation particulière d'observer ce prétendu phénomène, sans pouvoir rien trouver en lui qui justifiât les magnifiques espérances dont il était l'objet. Dans les discussions qui s'élevaient à table, il gardait pour l'ordinaire un imperturbable silence, et si, par quelques questions directes, on le forçait à répondre, il s'exprimait d'une manière si vague et si laconique tout-à-la-fois, qu'on avait plutôt fait de lui supposer une opinion que de deviner la sienne.

Cette extrême réserve, dont on faisait honneur à sa modestie, passait aussi pour de la profondeur. Pendant tout le tems de son quart, il affectait de ne parler à personne, et se promenait à grands pas sur le gaillard d'arrière avec l'air de méditer profondément sur quelque point de la science nautique. Le docte chevalier, presque toujours enfermé dans sa chambre, était supposé, le compas à la main, travaillant à comparer le Neptune de Bouyer avec celui de Robertson, l'Atlas céleste d'Hevelius avec celui de Flamsteed; personne ne doutait qu'il ne s'occupât d'un travail très-important. Une fluxion de poitrine enleva subitement ce jeune homme le jour même où nous entrâmes dans la baie d'Antongil, à Madagascar. Dès le lendemain de sa mort, le capitaine, suivant l'usage, fit dresser l'inventaire de ses effets et de ses papiers : qu'on juge de notre surprise en ouvrant son secrétaire et ses portefeuilles, d'y trouver, pour tous manuscrits, une douzaine de paquets de lettres de femmes bien et duement étiquetés, avec le portrait de l'auteur en tête de chacun; des liasses de recettes pour faire le cirage anglais, l'encre de la Chine, le marasquin, la colle à bouche et le vin de quinquina; plus, deux gros registres écrits de la main du chevalier, et remplis d'énigmes, de charades, de logogryphes extraits du Mercure. Ses camarades, honteux d'avoir été si long-tems sa dupe, s'empressaient de revenir sur les éloges qu'ils lui avaient prodigués de son vivant, et moi je me promettais bien de ne jamais jurer sur la parole des autres, et de me méfier de ces réputations improvisées dans les salons et dans les boudoirs, auxquelles il est quelquefois si difficile de trouver même un prétexte. Dans quelque carrière que ce soit, dès qu'il est question de gloire, je demande des titres, et je n'admets les espérances qu'autant qu'elles sont fondées sur un premier succès. Vous prétendez à un nom dans la littérature, où sont vos œuvres? dans votre portefeuille? Le public ne tient compte que des ouvrages imprimés : combien n'en pourrais-je pas citer qui n'ont pu franchir ce passage difficile. Pour ne parler que des plus notables, les poésies de Bernis, l'*Art d'Aimer* de Bernard, tant vantés avant de paraître, du moment où ils ont vu le jour ont été *degringolando*, comme dit Mme de Sévigné ; le poëme des Jeux-de-Mains, de Rulhières, n'a joui que d'une réputation inédite.

Quelque tems avant la révolution, à défaut de temple, on élevait de tous côtés de ces petites chapelles à la Gloire, où chaque société nichait son idole et l'enivrait d'encens. Au nombre des réputations littéraires que j'ai vues se former par ce moyen, quelques-unes ont acquis une sorte de consistance dont on peut se rendre compte en observant que ceux qui en ont joui, ou qui même en jouissent encore, ont eu assez d'empire sur leur amour-propre pour résister à la voix de la louange, et ne pas rompre avec le public ce *silence prudent* dont Conrard leur avait donné l'exemple. Mais pour quelques élus, combien cet engouement de société n'a-t-il pas fait de dupes et de victimes ? Que de manuscrits livrés à l'impression sur la foi des éloges monstrueux qu'ils avaient reçus à la lecture, et dont le libraire ne traitera jamais qu'avec l'épicier! Que de comédies, de tragédies prônées, vantées, applaudies dans les salons, à l'égal des chefs-d'œuvre de la scène, sont venues, sur le théâtre, mourir au bruit des sifflets!

Je serais fâché qu'on se méprît sur ce que j'ai dit et sur ce qui me reste à dire, au point de croire que je veuille ici confondre ce que l'usage a de véritablement utile avec ce que l'abus a de ridicule et de dangereux. Loin de blâmer le commerce des gens de lettres avec les gens du monde, je le crois également avantageux pour les uns et pour les autres, et c'est de leur réunion que la société me paraît tirer son plus grand charme : les premiers y portent le savoir et les lumières ; les autres cette politesse, cette urbanité que le mérite même a besoin d'acquérir. En se rapprochant, les gens du monde deviennent plus éclairés, et les gens de lettres plus aimables. Une lecture en présence de vrais amis, de véritables connaisseurs que l'on rassemble avec l'intention de profiter de leurs conseils, d'épier leurs impressions, de rapprocher leurs sentimens, est, pour le mérite, je ne dis pas seulement un moyen, mais un garant de succès. Il est fâcheux (et c'est sur cela que porte ma critique) qu'il soit si difficile de composer un aréopage dans les véritables intérêts de l'art, de l'auteur et de la justice.

C'est du beau siècle de Louis XIV que date, à Paris, le goût et même la manie des lectures. Depuis ce tems, on a toujours cité dans cette ville plusieurs maisons et quelques palais où ce noble plaisir a été mis au nombre des plus douces habitudes. Ce berceau des auteurs naissans a souvent été l'asile des auteurs persécutés. *Tartufe*, en dépit du premier Président, *qui ne voulait pas qu'on le jouât*, avait été accueilli avec enthousiasme dans la petite maison de la rue des Tournelles, avant qu'il lui fût permis de paraître à l'hôtel de Bourgogne. *Le connétable de Bourbon*, à qui Mlle Lespinasse avait fait une si belle réputation, la conserverait peut-être encore s'il n'avait, en quelque sorte, forcé les portes du théâtre, que l'autorité s'obstinait à lui fermer. L'intrigant *Figaro* eut à lutter contre les mêmes écueils, trouva dans la société les mêmes ressources, la même protection, et les fit mieux valoir en public.

Il y a quelques années, dans un tems où l'on faisait argent de tout, les agioteurs du Parnasse spéculèrent sur ce goût de lecture qui s'était emparé de presque toutes les classes. Certains établissemens publics eurent des lecteurs à gages qui venaient débiter, entre une leçon d'anatomie et une sonate de harpe, des scènes de tragédies dont le plan n'était pas fait; des épisodes de poëmes dont le sujet n'était point trouvé; des épîtres, des contes et des madrigaux de toutes les dimensions, jusques et compris le distique. Le ridicule a fait justice de ces lectures d'apparat, où l'on vit les successeurs de MM. Maribarou, Braquet et Briquet, s'asseoir gravement au fauteuil de MM. Delille, Laharpe, Chénier et Lemercier. Je reviens aux lectures de salon où l'on est revenu, et j'examine comment les choses s'y passent aujourd'hui.

La maîtresse de la maison et l'auteur ont fait ensemble leur liste : un certain nombre de personnes, que le hasard double presque toujours, sont appelées pour écouter et trouver bon l'ouvrage qu'on va leur lire. Il est neuf heures, on n'attend plus que Mme la duchesse de..... Chacun témoigne une impatience dont l'auteur ne saisit pas toujours le véritable motif. C'est pourtant là son quart-d'heure de modestie. Il faut voir comme il court avec grâce au-devant des plaisanteries qu'on pourrait lui faire sur le genre de son ouvrage, sur la grosseur de son manuscrit; comme il invoque la critique; comme il s'engage à suivre vos conseils, dont il a toujours fait tant de cas; comme il intéresse votre goût et votre amour-propre à son succès, en vous prévenant que *cet ouvrage est tout-à-fait dans votre genre ou dans vos principes!* Mme la duchesse arrive; la porte est défendue : les bougies, le verre d'eau sucrée sont placés sur le guéridon; la maîtresse de maison donne le signal, et chacun se place. Dans ce mouvement de chaises, de fauteuils, je remarque que les vieux habitués de ces sortes de fêtes, ceux qui en connaissent toutes les conséquences, s'emparent des angles du salon, et se retirent, autant qu'ils peuvent, derrière le lecteur, tandis que les novices et les provinciaux, bravant un péril qu'ils ignorent, se portent sous le feu même de ses regards : la lecture commence, et les plus âgés ne tarderont pas à s'apercevoir du danger de leur position. En vain ont-ils recours à leur tabatière qu'ils ouvrent à petit bruit; en vain s'efforcent-ils de donner à l'assoupissement l'air de la réflexion, la paupière se ferme, la tête tombe, se relève, et retombe sur la poitrine : trop heureux si la respiration gênée ne trahit pas tout haut l'incongruité de leur sommeil! Mais enfin la lecture finit, les dormeurs s'éveillent au bruit des applaudissemens, et ne manquent jamais de prendre part à la discussion qui s'ouvre sur ce qu'ils n'ont pas entendu. Ce moment est celui où l'amour-propre de l'auteur reprend son empire. Tout-à-l'heure il invoquait la critique, maintenant il repousse jusques aux conseils, et s'irrite de la moindre objection; il vous suppliait de prononcer franchement sur l'ouvrage entier; il ne vous permet plus d'en censurer un seul hémistiche : il a toujours quelque autorité à citer en faveur de la scène, du vers, de l'expression qui vous a déplu : Racine, Voltaire en offrent vingt exemples. Cette situation vous a paru froide, il faut la juger à la scène; cette autre forcée, invraisemblable, c'est une heureuse innovation qui doit assurer le succès de l'ouvrage. Hâtez-vous de détruire par des louanges outrées le mauvais effet de vos observations critiques, si vous ne voulez passer aux yeux de l'auteur et de ses amis pour un pédant insupportable, ou pour un homme envieux et jaloux de tout mérite.

Il faut pourtant convenir que l'on rencontre quelquefois des auteurs modestes, dociles, plus avides de conseils que d'éloges; mais, par une fatalité assez singulière, ces auteurs timides ont presque toujours affaire à des auditoires malévoles. Tout récemment encore, Destival m'a fourni l'occasion de confirmer cette remarque. J'aime sa personne, son caractère et son talent; il me fit inviter, la semaine dernière, à passer la soirée chez une de ses parentes, où il devait lire une comédie qu'il destine au Théâtre-Français. Je m'y rendis : la société, assez nombreuse, n'était composée, en très-grande partie, que de gens de lettres : dès-lors je vis qu'il s'agissait moins d'une consultation que d'une sentence, et je commençai à craindre que l'accusé ne perdît son procès; car lorsque vos rivaux ne sont pas vos amis (ce qui arrive quelquefois), il est rare que vous trouviez en eux des juges indulgens. Je faisais cette réflexion en écoutant deux membres de ce jury littéraire, lesquels, après avoir félicité tout haut leur confrère Destival d'avoir choisi pour sujet de sa pièce un caractère neuf, cherchaient à se prouver mutuellement tout bas que son talent était fort au-dessous d'une pareille entreprise. Le silence que l'on garda pendant les entr'actes ne fut interrompu que par quelques mots obligeans de la maîtresse de la maison, et par un chuchotement dont le pauvre lecteur paraissait fort embarrassé. La pièce finie, je m'expliquai très-hautement et très-franchement sur le plaisir qu'elle m'avait fait, sur le beau talent dont elle était la preuve ; mais le suffrage d'un vieil ami est toujours un peu suspect. Destival s'empressa de recueillir des opinions plus désintéressées : Melcourt, vieil oracle de l'Opéra-Comique, décida que l'exposition était beaucoup trop longue, et voulait qu'on la mît en action. Le rocailleux Mélis releva des négligences de style, et disserta, en assez mauvais français, sur les avantages et la nécessité de la correction. J'admirai dans Serval une vivacité d'imagination qui le dispense de tous égards, de toute politesse :

avant de dire son avis sur l'ouvrage qu'il venai d'entendre, il commença par en refaire le plai d'un bout à l'autre; ce qui l'obligea d'indiquei à l'auteur de nouvelles combinaisons et de supposer de nouveaux caractères. A cela près, tous nos Aristarques se réunirent pour louei avec exagération telle ou telle tirade, tel ou tel vers, sur lesquels il ne pouvait pas y avoir deux avis. « Applaudir plus vivement que personne aux choses d'une beauté indispensable, est un des secrets de l'envie. »

Mon pauvre ami Destival, très-peu satisfait de sa lecture, sortit convaincu qu'il avait fait une très-mauvaise comédie, et j'eus besoin, pour l'empêcher de jeter au feu le produit de quatre ans de travail, d'étude et de méditation, de lui prouver, en les résumant l'une après l'autre, que les opinions qu'il venait de recueillir étaient presque toutes contradictoires, qu'elles se détruisaient mutuellement, et qu'il y avait aussi par trop de naïveté à consulter exclusivement des potiers sur la forme et la beauté d'un vase.

N° LXIII. — 30 *janvier* 1813.

LE CHAPITRE DES CONSIDÉRATIONS.

Je n'aurais pas de peine à prouver que le respect des vaines considérations est la source la plus féconde des maux qui inondent la société.

DUCLOS, *Confess. du comte de* ****.

JE voudrais bien ne pas me brouiller avec tant de faiseurs de poétiques, de dissertations didactiques, de critiques de journaux, qui ne jurent que par le saint nom d'Aristote; mais je voudrais pourtant qu'il me fût permis d'avouer que j'ai ri ou pleuré à la lecture, à la représentation de tel ou tel ouvrage, sans encourir l'indignation des inquisiteurs *pour* la saine doctrine: car enfin j'ai beau faire, j'ai beau meubler mon esprit de toutes les belles choses que ces Messieurs débitent, j'ai beau lire et relire les quatre Poétiques de Le Batteux, je me surprends toujours à éprouver des sensations avant de m'en être rendu compte, et prêt à entrer en accommodement sur certaines règles avec l'écrivain qui m'a procuré quelques plaisirs; c'est ainsi que, bien informé des défauts nombreux de cette mauvaise comédie du *Mariage de Figaro*, j'ai été la voir *tomber* quinze ou vingt fois pour ma part. A travers le verbiage, le mauvais goût dont le monologue du cinquième acte est infecté, j'ai cru remarquer dans cette scène plus de calcul, plus de naturel, plus de choses observées que dans telle comédie nouvelle, que dans tel roman moderne en cinq ou six volumes. Qu'il a quelquefois d'esprit et de bon sens ce maraud de Barbier! *Je sollicite un emploi* (dit-il); *j'avais tout ce qu'il fallait pour réussir : il fallait un calculateur; ce fut un danseur qui l'obtint.* Cet abus, presque toujours la suite du *Chapitre des Considérations*, est un de ceux qui m'a le plus frappé dans le cours de ma vie, et sur lequel j'ai rassemblé le plus d'exemples et d'observations. Destiné dès l'enfance à la profession des armes, toutes mes études, tous mes exercices avaient été dirigés vers cet objet; mon goût ou plutôt ma passion pour les chevaux, mes succès à l'école d'équitation indiquaient en moi une vocation toute particulière pour l'arme de la cavalerie ; malheureusement un ami de ma famille, major dans le régiment de Savoie-Carignan, lequel se croyait le plus grand tacticien de l'Europe, parce qu'il savait faire l'exercice à la prussienne, détermina mon père à me faire entrer *cadet* dans son corps, où j'appris, comme secrets du métier, à faire manœuvrer un bataillon *à l'homme d'aile*, et à tirer cinq coups de fusil à la minute. Je fis mes premières armes sous le maréchal de Richelieu, en 1756. En relisant mon journal, qui date de cette époque de ma vie, j'y trouve les notes suivantes : « A la suite d'une brillante affaire d'avant-garde qui précéda la journée de Closter-Sheven, le roi envoya au maréchal trois croix de Saint-Louis, pour être distribuées à ceux des jeunes officiers du régiment de Savoie qui s'étaient plus particulièrement distingués dans cette action ; un de mes amis, le chevalier de Constantin, était du nombre, et son nom avait d'abord été porté sur cette liste honorable ; mais le secrétaire du maréchal lui ayant fait observer que M. d'Argenson avait, dans le régiment, un neveu resté au dépôt pour cause de maladie, le général, qui sollicitait alors un régiment pour son fils, se vit contraint d'effacer le nom du pauvre chevalier pour y substituer celui du neveu du ministre. »

Quand je rentrai en France, une de mes tantes venait de mourir, et m'avait laissé par testament un legs considérable, en me chargeant d'une fondation de cinquante messes par an pour le repos de son ame ; le légataire universel plaida contre l'exécution de cette clause : je devais croire le gain de mon procès infaillible ; Gerbier s'était chargé de ma cause, et j'avais pour moi la coutume et le droit romain : malheureusement, ni Gerbier, ni la coutume, ni le droit romain n'avaient prévu que M. le président de la chambre des vacations aurait une maîtresse dont le cousin se trouverait précisément dans le cas contraire ; que sa cause serait jugée quelques jours avant la mienne, et que l'arrêt porté en sa faveur serait invoqué contre moi. Privé de mon legs, je n'en fondai pas moins les messes, et je m'embarquai sur un des vaisseaux de l'escadre destinée à parcourir les mers du Nord, sous le commandement de Thurot, qui passait pour une créature du maréchal de Belle-Isle. M. de Flobert, qui commandait les troupes de débarquement, et qui croyait avoir à se plaindre du maréchal, fit de son mieux pour faire manquer l'expédition. Thurot et son conseil avaient décidé qu'il fallait opérer une descente à Belfast (en Irlande); mais Flobert, qui avait demeuré deux ans à Carrick-Fergus, chez une jeune veuve anglaise dont il avait conservé un tendre souvenir, voulut à toute force effectuer le débarquement sur ce point, et cette *considération* fut cause, en grande partie, des désastres de cette campagne.

Quelque vingt ans après, lorsque je vins me fixer à Paris, je me liai avec plusieurs gens de lettres; nous nous réunissions presque tous les soirs chez Mme Doublet, femme d'un payeur de rentes, dont la maison était, si je puis m'exprimer ainsi, l'entrepôt général des nouvelles politiques, littéraires et scandaleuses de la capitale. On ne s'y contentait pas du fait matériel, on voulait en connaître les circonstances, en démêler la cause, et presque toujours on la trouvait au *Chapitre des Considérations*. Je me rappelle avoir entendu lire dans cette maison, il n'y a pas moins de quarante-cinq ans, une comédie du même titre et sur le même sujet, d'un auteur provençal, nommé Duteil : depuis, je n'ai plus entendu parler de la pièce ni de l'auteur ; mais je me souviens que dans un séjour de quelques mois qu'il fit à Paris, on ne lui laissa pas manquer de matériaux pour ajouter à sa comédie de nouvelles scènes. Entre plusieurs autres ouvrages que ce jeune homme avait en portefeuille, et dont il nous fit lecture, se trouvait une tragédie de *Caliste*, étincelante de beautés, et que, d'une commune voix, nous jugeâmes digne de la scène française ; il en fit lecture aux comédiens, qui n'en jugèrent pas moins favorablement ; mais Colardeau les avait fait prévenir qu'il traitait le même sujet : sa pièce était attendue, et cette *considération* ne leur permettait pas d'en recevoir une autre. Pour ne pas perdre entièrement le fruit de ses travaux, notre auteur dénatura son sujet, plaça l'action en Egypte, perdit quelques belles situations qui tenaient à son ancien plan, relut son ouvrage et le fit recevoir ; mais dans l'intervalle de tems qui s'écoula jusqu'au moment où il fut question de la mise en scène de sa tragédie, Mlle Clairon avait joué un rôle égyptien, et s'était aperçue que ce costume ne lui était pas favorable ; en conséquence, elle exigea que l'auteur transportât la scène aux Indes : nous lui conseillâmes de n'en rien faire ; mais une autre distribution des rôles était impossible : de dépit, il brisa ses alexandrins, chevilla des rimes à la césure, et, de sa tragédie, fit un opéra qu'il avait l'intention de confier, pour la musique, à un compositeur italien de grande réputation. Le poëme fut reçu avec acclamation, mais le directeur Francœur venait d'être parrain du dernier enfant de Mondonville, et cette *considération*, présentée dans toute sa force à l'élève de Quinaut, fut cause qu'il se décida, par compère et par commère; que son opéra, mis en musique par Mondonville, après avoir fait bâiller Paris pendant quelques mois, céda la place aux *Fragmens* que le mauvais goût du tems avait mis à la mode, et que notre poète provençal, dégoûté dès les premiers pas de la carrière des lettres, qu'il eût honorée par ses talens, retourna dans sa province, et fit à son repos le sacrifice de sa gloire.

Si quelqu'un entreprend jamais de faire un livre sur ce *Chapitre des Considérations*, quelle moisson d'anecdotes le champ de l'histoire ne lui fournira-t-il pas? A quelle autre cause attribuer les malheurs des dernières années du règne de Louis XIV, quand on voit ce prince s'obstiner à maintenir Villeroi au commandement de l'armée, malgré son incapacité reconnue, sa présomption et ses revers? N'est-ce pas encore au *Chapitre des Considérations* qu'il faut inscrire le mariage de Louis XV avec la fille d'un roi détrôné, à une époque où la France avait le besoin et le pouvoir de former une alliance infiniment plus avantageuse? Il est fâcheux que l'intérêt de l'État ne se soit pas accordé avec celui de la marquise de Prie, maîtresse du premier ministre, qui voulait s'assurer la reconnaissance d'une reine qu'elle aurait placée sur le trône.

On sait à quelles *considérations* M. de Marigny fut redevable de la surintendance des bâtimens;

c'était un homme sans naissance, sans instruction, sans goût ;... mais il était frère de Mme de Pompadour.

Voltaire n'avait pas moins de cinquante-deux ans lorsqu'il fut reçu à l'Académie Française ; à trente, il avait fait *Œdipe*, *Brutus* et *la Henriade*. On pourrait croire qu'il fallut du moins de bien fortes *considérations* pour éloigner si long-tems du fauteuil académique un des plus beaux génies dont s'honore l'espèce humaine ; presque toutes étaient de la nature de celle qui, en dernier lieu, retarda de cinq ans son élection : il était protégé par Mme de Châteauroux ; la favorite, à cette époque, était mal avec M. de Maurepas, et ce ministre, qui avait de plus une petite vengeance à exercer contre les philosophes dont Voltaire était regardé comme le chef, trouva plaisant d'écarter le grand-homme du fauteuil pour y placer un cardinal.

C'est sur-tout au bureau d'un journal qu'il faut aller étudier le *Chapitre des Considérations*. Tel livre vient d'être publié ; il est composé tout entier sur le plan d'un autre ouvrage justement célèbre ; le peu d'idées neuves qu'il renferme se réduit à quelques paradoxes ; l'esprit y brille quelquefois, mais toujours aux dépens du bon sens et du bon goût : on rend compte de ce livre dans un journal accrédité ; l'auteur de l'article est un homme d'honneur, plein de talent et d'instruction ; nul doute que justice ne soit faite : je lis, et, à ma grande surprise, au lieu d'une critique bien saine, bien raisonnée, à laquelle je devais m'attendre, je trouve un éloge qui n'échappe au ridicule qu'à force d'exagération. Je veux connaître le motif secret d'un jugement aussi ridicule ; l'auteur du livre est sur les rangs pour l'Institut, et le journaliste prévoit qu'un jour il pourrait bien s'y mettre.

J'étais il y a quelques jours chez Mme Dormeuil, où se rassemble, sinon la meilleure, du moins la plus brillante société de Paris. On annonce M. de Saint-Alphonse. Ce nom me fait faire un mouvement de surprise qui n'échappe pas à la maîtresse de cette maison, avec laquelle je m'entretenais de la tragédie nouvelle. Je conçois votre étonnement, me dit-elle (en faisant une légère inclination à la personne qu'on venait d'annoncer, et qui se perdit au même instant dans la foule) : je connais la réputation de cet homme, je le reçois à regret; mais vous savez bien qu'il n'y a que les ridicules, l'ennui ou la sottise qui soient maintenant à Paris des titres d'exclusion; cet homme est spirituel et méchant; il ne ménage un peu que les gens chez lesquels il dîne: vous sentez bien qu'il a son couvert mis chez moi. — Vos amis mangent donc à l'office! lui répondis-je avec beaucoup d'humeur.

Je continuais à m'élever de toutes mes forces contre ces honteuses *considérations*; Mme Dormeuil se leva pour aller au-devant d'un grand homme sec et chauve qui venait d'entrer dans le salon, et revenant ensuite auprès de moi: « Vous allez encore me gronder, dit-elle; mais en attendant, je viens de terminer une affaire que j'avais à cœur, et qui intéresse notre ami Berville. Vous savez qu'il s'occupe depuis cinq ans d'un poëme de *Suzane:* son ouvrage est au moment de paraître; mais un auteur plus diligent a publié depuis trois semaines un poëme sur le même sujet: je viens de m'assurer qu'aucun journal n'en parlerait, même pour l'annoncer, jusqu'à ce que celui de Berville ait été mis au jour. »

Je me récriai de nouveau contre de pareilles menées, que je qualifiai de tous les noms qu'elles méritent : « Tenez, mon vieil Hermite, continua-t-elle, prêchez tant qu'il vous plaira ; je ne connais ni raison ni justice quand il est question de mes amis ; malheur à qui se trouve sur le chemin ! »

Je ne fais qu'indiquer aujourd'hui un sujet fécond, sur lequel je me propose de revenir, mais que je n'épuiserai pas ; car le *Chapitre des Considérations* tient une bien grande place dans le livre de la vie.

Nº LXIV. — 7 *février* 1812.

LA PRISON POUR DETTES.

Happiness, though often crossed by misfortune, is more frequently destroyed by misconduct.

PRIOR.

Le bonheur, quoique assez souvent détruit par la mauvaise fortune, l'est plus souvent encore par la mauvaise conduite.

L'EMPRISONNEMENT pour dettes est une suite nécessaire des progrès et peut-être des abus de la civilisation. En France, sous les deux premières races, et même au commencement de la troisième, les créanciers n'avaient de prise que sur les biens-immeubles. Le président Hainaut cite en preuve Bouchard de Montmorency, lequel devait une somme considérable à Adam, abbé de Saint-Denis. « On ne l'arrêta pas, dit l'abbé Suger, parce que ce n'était pas l'usage alors ;

mais on alla, par l'ordre du roi, ravager ses terres jusqu'à ce que qu'il eût payé. » Dans ces tems de barbarie, la loi frappait de ridicule celui qui contractait des dettes qu'il ne pouvait pas payer : (les choses ont bien changé depuis !) la cession de biens à laquelle il se voyait contraint était accompagnée d'une singulière cérémonie. Le débiteur, gentilhomme ou roturier, était obligé de frapper trois fois la terre avec son derrière (*nudis clunibus*), en criant : *Je cède mes biens!* Saint-Foix ajoute que l'on voit encore à Padoue la pierre du blâme (*lapis vituperii*) où s'infligeait cette punition. Je ne serais pas éloigné de croire que c'est là l'origine d'une pénitence toute semblable que l'on impose au petit jeu des *gages touchés* à celui qui ne peut payer autrement sa dette. Je ne sais pas s'il faut, sur la seule autorité de l'auteur des *Essais sur Paris*, admettre, comme prouvé, qu'antérieurement au règne de Louis-le-Jeune, on pouvait se dispenser de payer ses dettes en se battant avec ses créanciers ; en pareil cas, Saint-Foix était homme à confondre son histoire particulière avec celle des mœurs de nos ancêtres : comme il payait fort mal et se battait souvent, il était intéressé à faire croire que l'un pouvait aller pour l'autre.

Quoi qu'il en soit, je me souviens d'un tems (si voisin de nous, que rien n'empêche de supposer que nous y sommes encore) où il était du bon ton d'avoir des dettes; où des créanciers dans une antichambre étaient plus honorables que des laquais. Ce travers de quelques jeunes gens de la cour avait insensiblement gagné toutes les classes; mais il était réservé à l'anglais Bielfeld d'en faire un principe du droit politique; de faire un livre tout exprès pour prouver que les dettes nationales sont une preuve certaine de la prospérité des Etats, et d'en conclure, sans contestation, que l'Angleterre est infiniment plus riche que la France.

Je n'ai jamais senti le sel, et encore moins la morale des plaisanteries sur les dettes. Il me semble que ce sont des engagemens comme les autres, et qu'il n'y a pas plus d'esprit que d'honneur à y manquer. Je sais bien que, par une de ces inconséquences dont il serait facile de trouver dans nos mœurs beaucoup d'autres exemples, la loi condamne, sur ce point, ce que la société permet; je sais que, pendant que les tribunaux frappent les débiteurs, les théâtres se moquent des créanciers, et qu'on est convenu dans le monde et sur la scène de rire des tours qu'on leur joue. Mais ceux-ci, fatigués de courses inutiles, ennuyés de remises éternelles, finissent enfin, à force de persévérance, par obtenir un *arrêté de compte*, que le débiteur, pour obtenir un crédit nouveau, solde au moins en partie, avec le secours des usuriers. Ces Messieurs, toujours au fait des besoins et des ressources des jeunes gens, connaissent mieux que personne la valeur d'une acceptation sur papier timbré. L'étourdi qui tombe entre leurs mains a beau répéter :

Des billets tant qu'on veut; point de lettres de change!

ce n'est qu'à ce prix qu'il obtient l'argent qu'il emprunte à gros intérêts, et qu'on lui compte en écus rognés. Les jours s'écoulent, l'échéance arrive, la lettre de change est protestée, la sentence obtenue, et dès le lendemain, à son retour du *Bois*, en entrant au café Tortoni, un de nos élégans, sans respect pour la mode, est invité, par sentence du tribunal de commerce, à se rendre *rue de la Clef*, pour y séjourner entre quatre murailles jusqu'à ce qu'un père complaisant, une maîtresse compatissante, ou un ami généreux le rende à ses douces habitudes, et lui donne, en payant ses dettes, le moyen d'en contracter de nouvelles.

Il faut convenir, cependant, qu'il devient chaque jour plus difficile, à Paris, de se faire, comme autrefois, un revenu de ses dettes; les marchands sont moins crédules, les ouvriers moins patiens, les usuriers moins nombreux et les tribunaux plus sévères.

Je n'ai jamais fait un billet de ma vie; la seule vue d'un papier timbré me donne le frisson, et je ne me fais pas d'idée plus effrayante que celle d'un huissier ou d'un procureur, bien que je les tienne pour les plus honnêtes gens du monde (et je prends acte de cette déclaration); je n'ai donc (révolution à part) jamais eu l'occasion de voir des prisons et des prisonniers; ce qui ne m'a pas empêché de lire avec un vif intérêt l'ouvrage du philantrope Howards. Arrivé à mon âge sans avoir franchi le seuil d'un guichet, je me flattais de n'être jamais dans le cas de visiter ces tristes demeures. Je n'avais pas encore reçu la lettre suivante :

De la prison de. . . . 25 janvier 1813.

Je ne vous écrirais pas, Monsieur, si ma détention avait une cause dont je dusse rougir : un créancier de mauvaise humeur a jugé à propos d'abuser d'une lettre de change que je lui avais faite de confiance, et que je n'ai pas pu payer, pour obtenir et mettre à exécution une contrainte par corps en vertu de laquelle je suis confiné jusqu'à ce qu'il plaise à mon père de faire honneur à ma signature. Je compte sur votre amitié pour obtenir de lui qu'il abrège la leçon qu'il pourra bien être tenté de me donner, et dont je vous promets de profiter, comme si elle avait été plus longue : venez me voir, je vous en prie.

Eugène de Merseuil.

Cette lettre m'affligea plus qu'elle ne me surprit. Eugène est fils d'un de mes parens éloignés ; son père, passionné pour l'agriculture, ne quitte plus sa terre, et laisse à son fils la liberté de vivre à Paris avec une pension de 500 francs par mois, qu'il lui paie régulièrement, mais qui ne suffit pas, comme on peut croire, à un jeune homme qui a la manie des chevaux, et quelqu'autre plus dispendieuse encore...... J'ai hasardé quelques réprimandes; elles ont été mal reçues : on m'a boudé, et, depuis six mois, cette missive est la première nouvelle que j'aie reçue de mon petit parent. Je ne balançai pas à lui porter moi-même ma réponse; je fis venir un fiacre, et dis au cocher de me conduire à..... — « Peut-être que Monsieur y va voir quelqu'un? — Oui, mon ami. Tu sais où est cette prison? — Je le crois bien; j'ai été employé pendant un an, et presque tous les jours, par un garde du commerce. — Et que fait-il, ce garde du commerce? — Notre maître, il conduit les gens en prison. — J'entends! c'est une espèce d'huissier chargé des arrestations. — C'est ça : j'en ai vu de toutes les couleurs; ..... et si je vous contais.... — Ce sera pour une autre fois, mon ami, car je suis pressé. — C'est dit, notre bourgeois; je vas vous mener bon train : vous avez votre permission? — La voici. — Ça ne suffit pas; il faut que vous alliez la changer à la Préfecture de Police. — Allons à la Préfecture ! »

Me voilà en route ; ma permission est en règle ; nous arrivons. Le cocher s'arrête devant un bâtiment dont l'architecture sévère, les murailles élevées, les portes basses et le grand nombre des factionnaires annoncent suffisamment la destination. La sentinelle m'indique, comme entrée principale, une porte de quatre pieds de haut ; je frappe : le bruit des verroux et d'une triple serrure se fait entendre ; on ouvre : j'entre, et cinq ou six guichetiers qui buvaient et fumaient dans une espèce de donjon, me demandent, de ce ton aimable qu'on leur connaît, *ce qu'il y a pour mon service.* J'exhibe ma permission, et aussitôt la porte se referme sur moi. Je traverse plusieurs cours, et j'arrive, à travers des couloirs obscurs dont les portes, toujours plus basses, s'ouvrent et se referment avec fracas, dans le greffe où je dépose mon signalement, et où l'on me donne l'adresse de mon prisonnier. Sous la conduite d'un porte-clef, je monte un escalier rapide, où viennent aboutir de longs corridors, aux deux côtés desquels sont pratiquées de nombreuses cellules qui donnent à ce lieu l'aspect d'un cloître immense.

La chambre d'Eugène était au troisième; les meubles n'en étaient point fastueux; mais avec un grand fond de mépris pour le superflu, on pouvait se vanter d'avoir le nécessaire. Le lit excepté, que le concierge est tenu de fournir à prix fixe, tout le mobilier (lequel consistait en deux chaises, un poële, une table, une cruche et quelques petits ustensiles) appartenait au *cochambriste* de mon jeune étourdi, « qui avait trouvé, nous dit-il, plus commode et sur-tout plus économique, depuis vingt-un mois qu'il était là, de se mettre dans ses meubles que de rester en garni. » Les deux prisonniers déjeûnaient au moment où j'arrivai; ils exigèrent que je me misse à table avec eux, et comme je leur témoignai ma surprise sur la recherche d'un plat qu'on nous servit, ils m'apprirent qu'un excellent cuisinier, qui s'était ruiné dans son établissement de la rue de Cléry, n'avait trouvé d'autre moyen de rétablir ses affaires que de se faire mettre en prison, où il exerce son état à l'abri des crédits et des mauvaises pratiques, sans payer ni loyer ni patente, et certain de gagner, en quelques années, assez d'argent pour aller de nouveau se ruiner au Palais-Royal.

Nous étions encore à table, lorsqu'une très-jolie dame vint rendre visite au compagnon d'Eugène; bien qu'elle me parût plus habituée aux boudoirs qu'aux prisons, elle n'avait pas l'air très-dépaysée dans celle-ci. Ce fut elle qui m'apprit qu'une cloche qui se faisait entendre annonçait l'heure où les prisonniers peuvent descendre au jardin : peut-être la jeune dame avait-elle quelque confidence à faire à son ami; j'avais moi-même à parler en particulier au mien : je profitai de cette circonstance pour sortir avec lui. Nous avions déjà fait quelques tours dans un jardin assez spacieux, et nous étions convenus des moyens à employer pour tirer mon jeune homme de la prison, lorsqu'un petit jockey l'aborda et lui remit une lettre.... C'était une invitation à dîner pour ce jour-là même; je crus d'abord qu'il se moquait de moi, ou que l'on se moquait de lui; mais il me mit au fait en peu de mots. Celui dont il venait d'accepter l'invitation était un receveur de deniers publics qu'un arriéré de quelque 100,000 fr. (dont sa fortune en biens-fonds offrait dix fois la garantie) avait conduit dans ce lieu de sûreté jusqu'à ce qu'un inspecteur du trésor eût apuré ses comptes. En attendant, notre philosophe trouvait le moyen, en y dépensant une partie de ses revenus, de charmer et même de peupler délicieusement sa solitude. Eugène, qui s'aperçut que je n'ajoutais pas une foi entière à ses discours, proposa de me présenter à cet Aristippe des prisons; je le pris au mot, et nous allâmes faire une visite à M. N.

Il occupait, au premier étage, un logement composé de deux pièces : des meubles du meilleur goût ornent ce petit réduit, et des draperies, jetées avec beaucoup de grâce et d'adresse autour des fenêtres, dissimulent ces vilains barreaux qui pourraient seuls réveiller l'idée d'une prison. Nous trouvâmes dans la première chambre quelques artistes connus par les talens les plus aimables, deux femmes charmantes et plusieurs de ces vrais amis qui ne vous abandonnent pas, même dans le malheur, quand vous conservez une bonne table. Le dîner (auquel je fus invité avec instance et politesse) est un des plus agréables que je me souvienne d'avoir fait. Au nombre des convives se trouvaient des prisonniers de très-bonne compagnie, presque tous gens d'esprit, dont les créanciers sont probablement des sots (ce qui doit réconcilier beaucoup de monde avec la sottise). Je suis fâché que l'espace me manque pour esquisser plusieurs caractères originaux dont j'ai eu le tems de saisir quelques traits, et parmi lesquels j'ai particulièrement remarqué un débiteur, prisonnier par prévoyance, qui venait passer un lustre en prison pour s'assurer la jouissance paisible de vingt mille livres de rente que ses créanciers, au terme de la loi, ne pourraient plus lui disputer à sa sortie. Après le dîner, on fit de la musique jusqu'au moment où la cloche donna aux étrangers le signal de la retraite. Nous prîmes congé de M. N...., pour lequel j'ai conçu beaucoup d'estime et d'intérêt. Eugène vint me reconduire jusqu'au guichet, où se renouvellent chaque soir les scènes d'adieux dont je fus témoin. La femme qui était venue passer la journée avec son mari, la maîtresse qui était venue consacrer une heure à son amant, le procureur qui était venu dîner avec son client pour aviser avec lui au moyen de faire capituler ses créanciers, tout le monde parlait à-la-fois, et l'on n'entendait distinctement que ces mots répétés en chœur: *A demain! je vous attends! Vous reviendrez! — Comptez sur moi!* Tout en écoutant les dernières observations que me faisait mon jeune homme, j'observais un malheureux vieillard qui venait chercher les vingt-un sous, montant de la pension alimentaire que son créancier est obligé de lui faire pour le retenir en prison. Ce pauvre ouvrier, dont Eugène me raconta l'histoire, était détenu pour une somme de 240 fr. dont il avait répondu pour un de ses amis, maintenant en état de faillite. Après avoir vendu ses meubles, il se voyait privé de toute autre ressource par le ridicule entêtement d'un avide et sot créancier qui aimait mieux payer pour le retenir en prison, que de lui fournir les moyens de s'acquitter par son travail.

Enfin les verroux s'ouvrirent, chacun des étrangers, son signalement en main, vint se faire reconnaître; les prisonniers rentrèrent; nous sortîmes, et les portes se refermèrent avec bruit sur eux et sur nous.

N° LXV. — 5 *février* 1813.

QUELQUES RIDICULES.

—

Si quis nunc quærat, quò res hæc pertinet? Illuc,
Dùm vitant stulti vitia, in contraria currunt.

HORACE, Sat. 2, liv. 1.

A quoi tend ce discours? le voici : Quand les sots veulent éviter un travers ou un défaut, ils tombent dans un autre.

MADAME de Chat.... disait à son fils, qui partait pour faire son tour de l'Europe après avoir achevé ses études : « Défiez-vous de l'inquisition à Madrid, de la canaille à Londres, et du ridicule à Paris. » Elle avait raison, principalement sur le dernier point. Le ridicule, en France, est une tache presqu'indélébile ; les plus grandes vertus, les plus brillantes actions ne parviennent pas toujours à l'effacer. Voltaire, l'homme du monde qui s'entendait le mieux à découvrir, à donner, à éviter le ridicule, a dit avec autant de concision que de vérité :

Ridicule une fois, on vous le croit toujours.

Rien de plus affligeant pour la morale, mais en même tems rien de mieux prouvé dans nos mœurs que cette assertion du lord Chesterfield : *à Paris, un ridicule est plus à craindre qu'un vice.* Si l'on cherche une excuse à cette déviation de principes, on la trouve dans une sorte de mépris dont le ridicule est toujours accompagné, et que repousse, avant tout, le caractère national. *Je consens qu'on me haïsse*, disait Chamfort, *mais je suis bien décidé à demander raison à qui me méprisera.* Cette distinction d'une ame élevée, la nation entière l'a faite en plusieurs circonstances. L'ancien parlement était, depuis quelque tems, l'objet de la haine publique; il fut exilé par le roi : le parlement Maupeou lui succéda ; le ridicule l'atteignit à sa naissance, et toute la France se souleva contre lui : Beaumarchais, en le livrant à la risée publique, fit en quelques mois ce qu'un siècle n'aurait peut-être pas achevé.

Un ministre dont l'histoire et la postérité accroissent chaque jour la réputation, M. de Choiseul, avait pour maxime de ne point admettre aux emplois supérieurs des hommes ridicules (répugnance mieux fondée, pour le dire en passant, que celle du cardinal Mazarin, qui ne voulait pas employer les gens malheureux; car le malheur ajoute quelquefois à la considération, et presque toujours le ridicule la fait perdre). On sait que M. de L.... manqua le contrôle général, parce qu'il disait son bénédicité en se mettant à table; ce n'était pourtant là qu'un défaut de convenance; et ce qui l'empêcha, sous Louis XV, d'arriver au ministère, aurait fort bien pu le lui faire obtenir sous Louis XIV.

Le ridicule, selon Duclos, *consiste à choquer la mode et l'opinion* : cette définition suffit pour en faire sentir l'importance. Choquer ici la mode et l'opinion! mieux vaut cent fois offenser les lois et les mœurs. Tous les vices sont odieux; il n'y en a qu'un de ridicule : c'est *l'avarice*, par la raison qu'il exclut toute idée de gloire; il y a d'illustres scélérats, il ne peut pas y avoir d'illustres avares.

Certains esprits peuvent être regardés comme les fléaux du ridicule; ils le découvrent sous quelque forme qu'il se cache, et l'immolent impitoyablement avec l'arme de l'ironie. Cicéron, à cet égard, paraît avoir été le Voltaire de Rome ancienne; il excellait dans ce genre d'escrime, où Marc-Antoine, son rival d'éloquence, ne trouva d'autre moyen de le vaincre que de le faire assassiner. Un fanfaron se vantait devant Cicéron d'avoir été blessé au visage dans la dernière bataille où il s'était trouvé. « Voilà ce que c'est, lui répondit l'orateur romain, que de regarder derrière soi en fuyant. » « Mon ami, disait-il à un très-petit homme qui portait une longue épée, pourquoi vous a-t-on attaché à une épée de cette longueur? » Ces mots piquans sont tout-à-fait dans le genre français.

J'ai connu dans ma jeunesse un brave officier qu'un habit de bouracan a forcé de mettre l'épée à la main quatre ou cinq fois dans sa vie. Fils d'un bon gentilhomme du Perche, qui n'avait jamais perdu de vue les tourelles de son château, sa garde-robe, lorsqu'il vint à Paris pour y achever ses études, se composait des débris de celle de son père. Je le vois encore arrivant au collége des Grassins, vers la fin du mois de novembre, avec un malheureux habit de bouracan vert pistache, dont la forme ne nous égaya pas moins que l'étoffe et la couleur. L'écolier manceau n'était pas endurant ; chaque jour il donnait ou recevait maints horions à la suite des plaisanteries dont l'habit vert pistache devint bientôt la source intarissable : plusieurs prix remportés dans ses classes ne lui firent pas perdre le surnom de *Bouracan*, que ses camarades lui avaient donné, et qui le suivit dans le régiment où il entra en sortant du collége. L'humeur que lui donnait ce sobriquet était telle qu'il ne pouvait plus entendre prononcer ce mot sans le prendre pour une injure, et sans en demander raison : les *affaires* qu'il se fit ne servirent qu'à donner plus d'importance et d'éclat à un ridicule dont l'influence se fit sentir dans tout le cours de sa vie.

Je racontais, il y a quelques jours, cette anecdote à M. de Vallière, mon voisin de campagne, qui vient se fixer à Paris avec une fortune considérable, et qui me consultait sur les moyens d'y réussir. Je résumai mes conseils dans ce peu de mots : « A l'époque actuelle, pour réussir promptement dans ce pays, faites votre cour aux femmes de quarante ans, écoutez les vieillards de quatre-vingts, et ne donnez point de prise au ridicule. » Sur ce dernier article, mon jeune voisin me soutenait, avec plus de bon sens que de connaissance du monde, « qu'on n'avait de ridicules que ceux qu'on acceptait; qu'avec un peu d'esprit on pouvait les éviter; qu'on les transformait en qualités avec de l'argent, et qu'on les repoussait avec du courage. » Les exemples persuadent mieux et plus vite que les raisonnemens : nous étions l'un et l'autre invités à dîner chez Mme de Morville, où je comptais bien trouver l'occasion d'appuyer ma théorie de toute la force de l'expérience.

La baronne, avec une grande fortune et quelques titres littéraires, s'est cru appelée à faire revivre la société des *bêtes* de Mme de Tencin, et du moins, au choix qu'elle a fait, ne peut-on pas lui contester la justesse de cette dénomination. Cette dame a fondé un dîner d'artistes, de littérateurs, de savans émérites; leur exactitude à s'y rendre fait du moins l'éloge de leur sobriété. Dans cette maison, l'ostentation et l'avarice se livrent un combat perpétuel. On y fait trop d'esprit et pas assez de feu ; on y court après les bons mots, et on y boit de très-mauvais vins. Rien de plus amusant à observer que ces trois grands laquais galonnés sur toutes les coutures, ce valet-de-chambre, ce chasseur, ce maître-d'hôtel en habit habillé, autour d'une table couverte d'un brillant surtout, mais où l'on sert, pour tous mets, à de nombreux convives, une épaule de mouton, un civet de lapin de clapier, et deux ou trois plats de légumes. Ce mélange de luxe et de parcimonie constitue un véritable ridicule, et tout l'esprit de Mme de Morville (car elle en a beaucoup) n'a pas suffi pour l'en garantir : un coup-d'œil de M. de Valière, qui se trouvait placé à table à quelque distance de moi, m'avertit qu'il avait déjà fait la même observation.

J'avais remarqué à l'autre bout de la table un certain M. Desfossés, sur lequel je comptais beaucoup pour donner à mon provincial la preuve que la fortune la plus considérable ne met pas à l'abri du ridicule. Cet épais Crésus est, sans aucune espèce de comparaison, l'homme le plus étranger aux convenances et le plus malheureux en à-propos ; il ne lui était encore échappé aucune impertinence; mais j'espérais toujours, car il n'avait encore rien dit. Vers la fin du dîner, Mme de Morville cherchait à rendre la conversation générale, et à interrompre un fatigant monologue du chevalier d'Arcis, en donnant l'exemple de ne pas l'écouter. On fait taire les grands parleurs en ne les écoutant pas, comme un violon arrête les danseurs en cessant de jouer. On vint à parler de l'esprit, de ses avantages, de ses inconvéniens, et plusieurs convives en firent un éloge tout-à-fait désintéressé. Mons Desfossés ne perdit pas une si belle occasion de faire briller le sien, et, sans se douter de la modestie dont il faisait preuve en soutenant une pareille thèse, il se mit à déclamer contre l'esprit en présence de gens dont la plupart ne pouvaient pas avoir d'autres prétentions : il soutint qu'il était presqu'impossible que ce don du ciel s'alliât avec un bon cœur; qu'il était la source de tous les vices qui inondent la société, de tous les maux politiques qui affligent les Etats, enfin que l'esprit avait tout perdu en France. « Ah ! Monsieur, s'il est ainsi, lui répondit Mme de C***, que ne sauvez-vous la chose publique ! » L'éclat de rire général qu'excita cette saillie, loin de déconcerter un athlète qui combattait sur son terrain, lui donna le courage de mettre en évidence les ridicules dont il est abondamment pourvu.

En sortant de table, M. de Vallière se rapprocha de moi, et nous nous communiquâmes mutuellement nos observations. Le hasard l'avait placé à table auprès d'un homme qui l'avait ennuyé le plus spirituellement du monde; il m'en demandait la raison: « Vous étiez, lui dis-je, à côté d'un bel esprit auprès de qui Marivaux n'est rien en fait de jargon et de subtilités; on l'a surnommé le Matanasius du sentiment: c'est un homme qui passe ses idées au laminoir, si j'ose m'exprimer ainsi, et qui dévide en vingt pages une pensée qui pourrait s'exprimer en quelques mots. Cet académicien de province a le ridicule de l'observation; il ne regarde pas les objets avec des lunettes, mais avec un microscope: aussi la jeune et jolie comtesse de ***, qu'il regardait un jour avec beaucoup d'attention, lui dit-elle en riant: « Je parie, Monsieur, que vous voyez des écailles sur ma peau. »

Je pourrais, continuai-je, vous montrer

ici des modèles de presque tous les genres de ridicules ; mais je me contente de vous en indiquer quelques-uns, et je vous laisse le soin d'en faire l'application. Avec un peu d'attention, vous remarquerez bientôt une petite dame qui a le ridicule de s'occuper d'elle exclusivement, et de ne pas concevoir qu'on puisse s'entretenir d'autre chose que de sa personne, de ses talens, de ses chagrins et de ses plaisirs.

Un ridicule plus intolérable, puisqu'il n'est racheté par aucun agrément, est celui de ce *ci-devant jeune homme* que vous trouverez ici, par la raison qu'on le trouve par-tout. Ce vétéran de la fatuité va de boudoir en boudoir, promener d'insipides hommages que plusieurs jeunes femmes écoutent encore par respect pour la mémoire de leurs grand'mères, qui les ont jadis accueillis. Si vous voulez avoir une idée du rôle le plus ridicule qu'un homme, après cinquante ans, puisse jouer auprès des femmes, vous l'observerez folâtrant autour d'elles avec toute la grâce d'une chenille qui se traîne sur des roses, et vous écouterez toutes les vieilles impertinences qu'il débite à ces dames en passant ses doigts dans les cheveux d'emprunt qui couvrent sa tête chauve. Au ridicule d'une galanterie surannée, vous ne tarderez pas à vous apercevoir qu'il joint celui de la méchanceté sans esprit; vous l'entendrez dénigrer tous les talens, contester tous les succès, affaiblir tous les éloges, et renchérir sur toutes les critiques..... Comme je parlais, on annonça M. d'Epilly; mon voisin le reconnut au premier coup-d'œil pour celui dont je venais de lui esquisser le portrait.

Nº LXVI. — 13 *février* 1813.

LES RESTAURATEURS.

Nullos his mallem ludos spectasse

HOR., Sat. 8, liv. 2.

Je ne connais pas de comédie qui vaille un tel repas.

Je me souviens qu'en 1751, je dînais assez habituellement à la *Croix de Malte*, dans la rue des Boucheries, chez un de ces traiteurs-rôtisseurs qui tenaient alors ce qu'on appelait improprement une table d'hôte (puisque l'hôte ne mangeait point à cette table). *La Croix de Malte* n'était pas citée pour la magnificence de ses salons, pour la profusion de la vaisselle plate, pour la grâce et l'élégance de la dame du comptoir; mais on y faisait, à bon marché, une chère saine et abondante. Trois tables de bois de noyer, recouvertes d'une nape en toile d'Alençon, formaient un fer à cheval dans une vaste salle dont la voûte en ogives supportait, au lieu de lustres deThomire ou de Ravrio, deux énormes lampes en cuivre jaune, dont les trois becs éclairaient, pour ainsi dire, ceux qui venaient souper dans cette maison (car on soupait alors). De midi à trois heures, la salle ne désemplissait pas, et l'on y trouvait, pour l'ordinaire, assez bonne compagnie. Le vieux Boindin, *avec son fausset aigre*, venait y disputer contre Marmontel, en faveur de J. B. Rousseau, et sortait de là pour aller prêcher l'athéisme dans un coin du café Procope. Piron et Crébillon fils s'y donnaient rendez-vous tous les samedis, et y faisaient assaut de plaisanteries et d'épigrammes; Saint-Foix était de la partie quand, par hasard, il n'avait pas reçu quelque coup d'épée dans la semaine; enfin, Patu et Portel.... s'y étaient liés d'une amitié très-étroite, et formaient là trois fois par semaine le noyau des habitués du parterre de la Comédie Française, composé à cette époque tout différemment de ce qu'il est aujourd'hui. Un bon dîner, dans un tems où la science gastronomique était encore au berceau, ne supposait guère que de bons vins et d'aimables convives. Les uns et les autres se trouvaient à la *Croix de Malte* : on y était servi, je ne l'ai point oublié, par une belle fille bourguignonne, nommée Catherine ; je n'ai vu de ma vie un exemple aussi extraordinaire d'activité, de mémoire et de présence d'esprit : elle trouvait le moyen de servir et de contenter à-la-fois trente personnes différentes de volonté, de goût et d'humeur ; aussi M. Mer...., qui a eu ses momens lucides, disait-il quelques années après, qu'il n'avait connu en France que deux têtes fortement organisées : *la servante de la rue des Boucheries et M. Turgot.*

On n'arrive à la perfection en tout genre qu'à force d'essais et de tâtonnemens. Vers l'année 1772, aux tables d'hôtes régulières, servies à des heures fixes, succédèrent, chez différens traiteurs, des tables de douze et de six couverts, qui se renouvelaient autant de fois qu'il se trouvait un nombre suffisant de convives. *L'hôtel d'York*, rue Jacob, où l'on payait cent sous par tête, était le rendez-vous des personnes les plus opulentes ; venait ensuite *l'hôtel Bourbon*, rue Croix-des-Petits-Champs;

les négocians s'y rassemblaient de préférence, et le prix était de moitié moindre qu'à l'hôtel d'York. On dînait au même prix à l'hôtel du *Nom-de-Jésus*, dans le cloître Saint-Jacques-de-l'Hôpital ; cet hôtel, particulièrement renommé pour le poisson, ne suffisait pas à la foule des consommateurs qui s'y portaient les jours *maigres* et pendant toute la durée du carême.

Ce fut à la fin de l'année 1774 que s'établirent les premiers *restaurateurs*. Je suis fâché de ne pouvoir rappeler à la mémoire des modernes gastronomes le nom du fondateur *des dîners à la carte ;* je me souviens néanmoins que les bases de cette grande institution furent posées dans la rue des Prêcheurs, et qu'on lisait sur l'enseigne de ce père du *restaurant*, cette inscription en latin de cuisine :

O vos qui stomacho laboratis, accurite ;
Et ego vos restaurabo.

Sous Louis XIV, les gens de qualité dînaient assez souvent au *cabaret ;* dans la première moitié du dix-huitième siècle, les gens de lettres mirent en vogue les dîners chez *le traiteur ;* depuis lors, c'est chez le *restaurateur* que dînent les hommes de toutes les classes qui n'ont point de maison montée. Si l'on y trouve quelquefois mauvaise compagnie, c'est du moins dans de beaux appartemens : n'en peut-on pas dire autant de quelques salons dorés qui ne sont pas tout-à-fait publics ?

La vie du restaurateur est ennuyeuse pour qui s'en fait un besoin ; elle n'est pas sans agrément pour celui qui n'en a pas l'habitude : l'aisance qu'on y trouve délasse de l'étiquette des invitations, et le dîner qu'on fait chez le restaurateur n'est jamais perdu pour un observateur attentif. Allez-vous *à la Galiote* ou au *Cadran-Bleu* : les garçons, étonnés de vous voir arriver seul, vous demanderont d'abord si vous attendez quelqu'un. Sur votre réponse négative, l'un d'eux vous indiquera, sans vous y conduire, une salle de cent couverts, où vous trouverez deux ou trois personnes. Vous y serez mal chauffé, mal éclairé, mal servi ; croyez-moi, demandez *un cabinet*. Quelle activité ! toutes les sonnettes sont en mouvement ; les garçons parcourent les corridors vingt fois dans une minute, chargés des mets les plus recherchés, des vins les plus exquis ; mais ce qui n'est pas sur la carte est encore ce qu'on paie le plus cher. A la seule inspection de ces petits appartemens, on devine qu'il n'est pas d'usage d'aller dîner seul chez les restaurateurs des boulevarts du Temple.

S'agit-il d'un dîner d'étrangers ou de provinciaux à qui l'on veut donner une haute idée de la capitale, dont on se croit obligé de leur faire les honneurs? c'est aux Tuileries, chez Véry, qu'il faut les conduire. Comme on jouit de leur étonnement à la vue de ces brillans salons où tout semble arrangé pour le plaisir des yeux! Ces tables de granit, ces candelabres en bronze doré, ces vases de fleurs que multiplient en les réfléchissant les panneaux de glace dont les murs sont couverts, commencent un enchantement que l'art du cuisinier soutient pendant tout le repas, mais que détruit, pour l'ordinaire, le moment où l'on apporte *la carte payante* (1).

Veut-on se faire une idée de la manière dont vivent, à Paris, avec moins de douze cents

(1) On est quelquefois obligé de se servir d'une locution barbare quand elle est consacrée par l'usage.

francs par an, cette foule de rentiers modestes, de jeunes étudians dans l'art des Gallien, des Beaumé, des Alciat ? C'est chez un restaurateur de la rue de la Harpe ou de la place Saint-Michel qu'il faut se rendre avant cinq heures. Vous ne trouverez sur leur carte ni *potages à la Camerani*, ni *suprêmes au coulis de perdreaux*, ni *karis à l'indienne ;* mais une soupe abondante, toutes les combinaisons possibles de bœuf rôti, bouilli, fricassé ; l'inépuisable haricot de mouton, et l'éternel fricandeau. La Bourgogne, le Médoc n'ont jamais versé le produit de leurs riches vendanges dans les caves des restaurateurs du pays-latin, mais, en revanche, la Brie et l'Orléanais y font pleuvoir les flots d'un petit vin léger dont la santé et la raison n'ont jamais à se plaindre : à tout prendre, il y a beaucoup moins de différence entre la qualité des mets et des vins, chez le plus célèbre ou chez le plus modeste restaurateur, qu'entre les prix portés sur la *carte* de l'un et de l'autre.

Les salles des différens restaurateurs, dont j'ai parlé jusqu'ici, fréquentées chacune par une classe particulière de la société, n'offrent par cela même que des observations partielles ;

pour en faire de générales, c'est au Palais-Royal, et particulièrement chez les *Frères Provençaux*, que je vais de tems en tems braquer en dînant ma lunette. Il n'est point d'étranger, de femme galante, pas même de bourgeois de la Place-Royale, qui ne connaisse ces trois enfans de la Durance, arrivés à Paris sans autre ressource que le secret des *brandades de morue*, dont ils ont fini par rendre tributaire toute l'Europe civilisée, de l'embouchure du Tage aux bords de la Newa. Il est plus d'un étranger, plus d'un Parisien même, qui serait plus embarrassé de dire à quel ordre d'architecture appartient la colonnade du Louvre, que de décrire, dans les moindres détails, les salons des Frères Provençaux. Quoi qu'il en soit, c'est là qu'on peut à loisir observer la physionomie mobile de cette grande capitale, et qu'avec un peu d'attention, une oreille fine et quelques jours d'assiduité, on parvient à se mettre au fait des anecdotes du jour, des aventures galantes de la bonne compagnie, des querelles de coulisses, du tarif de la roulette et des mouvemens de la bourse. Le pauvre, assis depuis quinze ans sur la première marche de l'escalier de cette maison, indique à tout venant le chemin des salons où il n'est jamais entré : une remarque que j'ai faite, et dont je n'ai pas encore cherché à me rendre compte, c'est que ce mendiant ne reçoit de secours que de ceux qui montent, et presque jamais de ceux qui descendent; ce qui semble prouver que les hommes, contre l'habitude des autres animaux carnassiers, sont moins généreux quand ils sont repus que lorsqu'ils sont à jeûn. Sur le repos de l'escalier, vous rencontrez les avant-postes des écaillères, qui vous offrent, d'un ton qui leur est tout particulier, les coquillages de Cancale et d'Etretat.

En traversant le premier corridor, vous pouvez jeter un coup-d'œil sur la cuisine, où vingt marmitons, haletant de fatigue, s'agitent, la casserole en main, dans un tourbillon de fumée, et semblent se multiplier pour répondre aux demandes réitérées des garçons. L'homme qui connaît la carte du pays n'entre jamais dans le premier salon à droite, où s'arrêtent les provinciaux, et que les premiers garçons font servir par leurs doubles; il laisse, à sa gauche, un second salon d'un aspect assez triste, traverse le troisième, qui n'est guère qu'un endroit de passage, et parvient enfin dans le sanctuaire de ce temple *du goût*.

Je m'y trouvais un jour de la semaine dernière : assis près de la cheminée, les pieds sur les chenets, après m'être bien orienté, je fis mettre mon couvert à la table qui me parut la mieux placée et la plus commode pour un homme qui aime à savoir ce qui se dit et ce qui se passe autour de lui.

La scène est disposée de la manière suivante : J'ai à ma droite une table de quatre militaires, dont l'un arrive d'Espagne et les trois autres de la Grande-Armée; ils mangent peu, boivent beaucoup, rient aux éclats, et jouissent bien franchement du plaisir de se retrouver ensemble. A ma gauche, dans l'angle d'une croisée, j'aperçois une jeune femme d'une figure charmante (nous saurons bientôt par quel motif elle cherche à dérober ses traits à l'ombre d'une vaste capote qu'elle abaisse à tous momens sur ses yeux); en face d'elle est un jeune homme passablement ridicule, qui fait tout son possible pour trahir l'incognito que sa dame paraît avoir intérêt à conserver. Je ne sais pas encore bien positivement quelles sont les personnes dont la table est derrière la mienne ; mais les mots d'*apurement de comptes de l'an* 5, de *débet*, de *quittance finale* qui reviennent sans cesse dans leur conversation, me mettent du moins sur la voie : tout vis-à-vis de moi se trouvent trois hommes de moyen âge, auxquels je ne suppose pas d'état bien décidé : si mon premier coup-d'œil ne me trompe pas, ils appartiennent à cette classe de gens qui n'ont d'autres revenus que leurs dettes, d'autre recommandation que leur impudence, et d'autre ressource que leur industrie. A la même table qu'eux, sans être cependant au même écot, je remarque deux joueurs du Nº 89, qui mettent à profit le gain du jour pour se refaire de la diète que leur a sans doute imposée la perte de la veille. Bien établi au centre de mes communications, l'œil et l'oreille aux aguets, je m'arrange, tout en mangeant le potage *à la Julienne* et le quart de *chapon au riz* (dont se composerait mon dîner si, par l'effet d'une vanité puérile, je ne me croyais pas obligé de demander deux plats de plus, auxquels je ne touche jamais, pour donner une plus haute idée de moi au garçon qui me sert); je m'arrange, dis-je, pour ne rien perdre de ce qui se dit autour de moi, persuadé, comme *Figaro*, qu'il n'y a rien de mieux pour bien entendre que de bien écouter.

La conversation de nos militaires roulait sur quelques aventures de quartier-général; il était aisé de voir qu'ils comptaient plus de victoires que de bonnes fortunes; car ils s'exprimaient sur les affaires les plus brillantes où ils s'étaient trouvés avec l'indifférence de gens accoutumés à vaincre, et ne tarissaient pas sur leurs conquêtes galantes. L'un d'eux parlait avec enthousiasme de la veuve d'un garde-magasin qu'il avait connue à Grodno, et l'autre s'extasiait sur les charmes de la femme de l'Alcade de Lérida, qui paraissait l'avoir traité plus en allié qu'en vainqueur. Le vin de Pommard échauffait l'entretien, et il n'est pas aisé de prévoir où se fussent arrêtées les confidences que nos compagnons d'armes étaient en train de se faire, si l'arrivée d'un nouveau convive qui vint s'asseoir à leur table n'eût fait prendre un tour plus sérieux à la conversation : on parla de promotions, de changement d'armes; on passa en revue les officiers de plusieurs régimens ; on disputa sur le mérite d'un commandant de dépôt, sur les abus qui se glissent dans les conseils d'administration : ces objets ne sont plus de ma compétence ; je dirigeai ailleurs mon attention. — « Garçon...... ce vin est détestable ; je vous ai demandé du *Clos-Vougeot*. — Je vous assure, Monsieur, qu'il n'y en a pas de meilleur à Paris. — Vous verrez que ce drôle-là s'y connaît mieux que moi ? — Parlez donc plus bas, tout le monde nous regarde : en vérité, mon cher Gustave, je me repens bien de l'imprudence que vous m'avez fait commettre. — Eh ! quelle imprudence, Madame ? — Comment ! avec les ménagemens que j'ai à garder, me montrer avec vous dans un salon de restaurateur ! s'*il* venait à le savoir ?...... (J'ai été long-tems à deviner à qui pouvait se rapporter ce pronom personnel ; et comme je n'ai pas encore la certitude d'avoir rencontré juste, j'abandonne cette question à la sagacité de mes lecteurs.) — Comment voulez-vous qu'on vous reconnaisse, enterrée comme vous l'êtes sous un grand chapeau, qui ne vous embellit pas, je vous en préviens ? — Je conçois que votre vanité s'accommoderait mieux de me voir ici à figure découverte, au risque d'entendre dire demain au café Tortoni : *Savez-vous que Gustave était hier en partie fine avec.....?* — Allons, vous allez prendre de l'humeur? — On en aurait à moins : nous pouvons disposer, par hasard, de quelques heures pendant *son* absence; je vous laisse le soin d'arranger notre soirée; et vous ne trouvez rien de mieux que de m'amener dîner chez un restaurateur, au milieu de deux cents personnes! Je vous ai chargé de louer une loge à Feydeau; mais, pour plus de mystère, vous êtes homme à me conduire au balcon! car, dieu merci,.....» La dame continuait à parler, mais en baissant toujours la voix; il y aurait eu de l'indiscrétion à l'écouter plus long-tems : et d'ailleurs, quelques mots d'une conversation très-animée entre les trois hommes qui se trouvaient vis-à-vis de moi m'avaient déjà fait pencher l'oreille de leur côté : — « Vous aurez beau dire, Mlle Mars ne peut pas cumuler deux emplois. — Pourquoi pas, si le public, qui l'adore dans *les ingénuités*, désire aussi la voir dans *les coquettes?* — A la place de Mlle Emilie, j'exigerais qu'elle jouât

Mme Evrard du *Vieux Célibataire*, la Tante du *Philosophe sans le savoir*, et Mme de Nozan de *la Mère Jalouse.* — D'abord, on pourrait vous répondre que ces trois rôles, marqués plus particulièrement du souvenir désespérant de Mlle Contat, n'appartiennent pas à l'emploi des coquettes; que Mlle Mars pourrait, par conséquent, refuser de les jouer; mais qu'en supposant qu'elle s'en chargeât, il est probable qu'elle y paraîtrait moins déplacée que Mlle Leverd ne le serait dans les rôles de Victorine, de la Pupille, de Betty, et autres semblables. — Mlle Emilie a pour elle le nouveau règlement, trois ans d'exercice et de succès, et la faveur que certain journaliste accorde à sa rivale. — Mlle Mars a pour elle l'engagement contracté par Mlle Leverd avec la Comédie, un talent plus anciennement en possession de plaire au public; en un mot, des droits tellement incontestables, que son défenseur même ne parviendra pas à les affaiblir. — Pour peu que vous l'aidiez, je réponds du contraire. — *A propos* de Mlles Mars et Leverd, dit un des trois interlocuteurs qui n'avait pas encore parlé, que dites-vous de *Tippo-Saëb ?* Détestable !

n'est-il pas vrai ? Point d'action, des incidens sans fin : un vrai mélodrame tissu d'invraisemblances ! A-t-on jamais rien imaginé de plus absurde que cette conception sur laquelle roule la pièce entière ? Un général en chef qui abandonne son armée pour venir en embassade près d'un chef de Marattes, véritable bête féroce, qu'il a plu à l'auteur de décorer du nom de *Sultan*, comme si l'on ne savait pas que ce titre n'appartient qu'au Grand-Turc ? Tout cela n'a pas le sens commun pour ceux qui, comme moi, ont le malheur de savoir un peu d'histoire. » — (Je ne fus pas le maître d'étouffer un éclat de rire qui attira sur moi les yeux de mes voisins. — « Je parie le prix du dîner (dit l'admirateur de Mlle Mars à celui que je venais d'interrompre) que c'est de toi que ce vieux monsieur rit de si bon cœur ! N'est-il pas vrai (continua-t-il en m'adressant la parole) ? » — Pas tout-à-fait, Monsieur, lui répondis-je ; je riais de la source où votre ami a puisé ses connaissances géographiques. J'ai *mes* raisons pour croire qu'il juge très-mal la tragédie nouvelle ; mais j'en ai de bien meilleures pour vous assurer qu'il est à l'abri du malheur dont il se plaint, de connaître trop bien l'histoire. Qu'il se borne à ce mot si commode dont M. *Beaufils* a le bon esprit de ne sortir jamais : *la pièce est détestable !* cela répond à tout, n'engage à rien, et vous donne dans le monde une attitude dénigrante, qui n'est pas sans avantage ; mais s'il s'avise, en cherchant à motiver son arrêt, de dire, comme il vient de le faire, « que le titre de sultan n'appartient qu'au Grand-Turc ; que Tippo-Saëb était chef des Marattes (ce qui, par parenthèse, n'est pas moins ridicule que s'il disait que le schérif de la Mecque est landamman des Suisses), il est à craindre que des bévues de cette nature ne multiplient beaucoup les rieurs, sans les mettre de son côté.

Le malheureux historien avait quelque envie de se fâcher ; mais ses amis l'apaisèrent en lui offrant l'occasion de convenir qu'il achetait ses opinions toutes faites, et qu'il n'était jamais personnellement responsable des sottises qu'il pouvait débiter.

J'avais repris mon rôle d'observateur, en me reprochant le mouvement d'impatience qui m'en avait fait sortir, et j'écoutais ce qui se disait à ma gauche. — « Treize *rouges* de suite ! sans toi, je faisais sauter la banque. — Je craignais un *refait;* songe que tu avais deux cents napoléons à *rouge*. — Si je trouvais quelqu'un qui voulût mettre avec moi quinze mille fr., nous aurions cent mille écus au bout du mois : cette *martingale* est infaillible. — Tu *sauterais* une fois dans vingt-deux *tailles;* j'en ai fait l'essai, et Saint-Charles en a fait l'épreuve : il y a perdu quatre-vingt mille francs. — Qui ? le petit Saint-Charles, le *tailleur* du n° 27 ? — Lui-même. Il n'a pas été plutôt ruiné au jeu, que l'*administration* lui a donné une place qui lui vaut douze francs par jour; elle en agit fort noblement et se fait un devoir d'employer tous ceux qu'elle ruine : je connais plusieurs de ses membres, et quand ta martingale t'aura mis à sec, je me fais fort de te faire avoir un *bout de table*. — Tu me rassures ; car on ne sait pas ce qui peut arriver, et il est bon d'avoir en perspective une ressource honorable. »

Je me lassai bientôt de ce dialogue en termes d'argot, et renonçant à apprendre tous les secrets des maisons de jeu, je suivis des yeux et de l'oreille deux jeunes gens qui sortaient de table et venaient causer au coin du feu en attendant la *carte payante* et des curredens. Parlez-moi de cette conversation-là ! autant de chapitres que de phrases ; autant de choses que de mots : en moins d'un quart d'heure, il fut question d'une partie de chasse de la veille, d'un concert du soir, d'une bonne fortune de trois jours, d'une aventure au dernier bal de l'Opéra ; on passa en revue plusieurs salons ; on compromit à haute voix une douzaine de femmes, et l'on fit l'éloge ou la critique de toutes les nouveautés du jour. Les deux interlocuteurs parlaient l'un après l'autre sans jamais se répondre. Celui-ci débitait mille contes sur la retraite d'Elleviou, sur la succession de Vestris, sur la disgrâce de quelques gens en place. L'autre ripostait par je ne sais combien d'anecdotes tout aussi vraies sur le procès de M. Murville, sur la rentrée de Mme Festa, sur les mariages de M. Williaume, et terminait par une sortie contre les pastiches, à propos du *Laboureur Chinois*. — Celui de nos deux étourdis qui tenait le dé, s'interrompit tout-à-coup à la vue d'un petit homme maigre et pâle, décoré d'un ordre étranger, qui entrait dans le salon, en promenant sur toutes les personnes qui s'y trouvaient le binocle en nacre dont ses yeux étaient armés.

Le jeune homme, après avoir dit un mot à l'oreille de son ami, qui courut au-devant de l'étranger, s'approcha de la dame mystérieuse dont j'ai parlé plus haut, et lui dit sans s'arrêter : « C'est *lui :* sauve qui peut ! » A ces mots, dont un coup-d'œil acheva de lui donner l'explication, la petite dame étouffa un cri de frayeur, jeta précipitamment son schall sur ses épaules, et serait sortie sans être aperçue du chevalier, que les deux jeunes gens occupaient de leur mieux, si le maudit lorgnon, braqué sur un cachemire d'un dessin très-rare, et probablement très-connu du lorgneur, n'eût éveillé dans son esprit un soupçon qu'il s'empressa d'éclaircir. Je ne pus résister au désir de savoir comment se passerait la reconnaissance, et je suivis mon jaloux de très-près. La dame n'avait que quelques pas devant lui ; il était impossible qu'il ne la rencontrât pas sur l'escalier : par quel miracle de ruse et d'adresse échappa-t-elle à sa poursuite ?..... Il descendait un étage pour l'attraper ; elle l'attrapait en montant l'autre.

N° LXVII. — 27 *février* 1813.

LA MAISON DES FOUS.

Chacun suit dans le monde une route incertaine,
Selon que son erreur le joue et le promène ;
Et tel y fait l'habile et nous traite de fous,
Qui sous le nom de sage est le plus fou de tous.
BOIL., Sat. IV.

S'IL est vrai, comme le dit Erasme, que dans chacun des systèmes planétaires il y ait un monde exclusivement réservé pour les fous, je serais assez porté à croire que nous habitons les *Petites-Maisons* de notre univers.

Tous les hommes sont fous, et malgré tous leurs soins,
Ne diffèrent entr'eux que du plus ou du moins.

Mais puisqu'on est convenu de ne donner ce nom qu'à ceux dont la folie ne s'accorde pas avec celle des autres hommes, et ne peut entrer dans le commerce de la vie, je me conformerai à l'usage, et il ne sera question dans

*

cet article que des fous de cette dernière espèce : c'est dans l'histoire et dans la société qu'il faut étudier les autres.

Certains physiologistes ont prétendu que la folie était un des priviléges de la nature humaine ; que l'instinct des animaux, plus sûr que notre raison, était aussi plus solide, et que leur cerveau n'était point sujet à se détraquer. A cela, je réponds par l'anecdote du perroquet de M. de Bougainville, qui fut atteint et convaincu de folie, ni plus ni moins qu'un habitant de Bedlam ou de Charenton. Cet oiseau, moins remarquable par son plumage que par son babil, était, depuis deux ans, à bord du vaisseau de ce célèbre navigateur, élevé plus cavalièrement, mais non moins gâté par l'état-major et par l'équipage que son compatriote *Ververt* ne l'avait été par les visitandines de Nevers. Après un engagement assez vif avec un vaisseau ennemi, pendant lequel le bruit du canon s'était fait entendre de très près, on chercha *Kokoly* (c'était le nom du perroquet marin); il avait disparu ; on le crut mort au champ d'honneur, du vent, sinon du coup de quelque boulet ; mais, à la grande surprise de tout l'équipage, on le voit sortir, au bout de deux jours, d'un rouleau de câbles où il s'était bloti : on s'empresse, on le fête, on lui prodigue les amandes et les caresses; Kokoly se montre insensible à toutes ces prévenances; et promenant autour de lui des regards hébétés, il ne répond à toutes les questions qu'on lui fait que par une imitation du bruit qui l'a tant effrayé : *Poum !....* *poum !.... poum !....* sont les seuls mots qu'il fasse entendre et qu'il puisse désormais proférer. J'ai vu ce perroquet, vingt ans après son combat naval, perché sur son bâton, dans une antichambre; il y répétait sa canonnade éternelle, en l'accompagnant d'un tremblement des ailes et de la tête, où se paignait encore sa frayeur.

Je pourrais, en parlant de ce fait avéré, entamer une discussion plus ou moins orthodoxe, et plaider contre Descartes en faveur de l'ame des bêtes; mais je doute que mes lecteurs soient bien curieux de savoir ce que je pense à cet égard, et je ne veux pas m'exposer à m'entendre dire, de la part de Phèdre :

Sibi non cavere et aliis consilium dare
Stultum est.

(C'est être fou que de donner des conseils aux autres, et de ne savoir pas les prendre pour soi.) Je résiste donc à l'envie que j'aurais d'approfondir cette question métaphysique de l'ame des bêtes, à laquelle tant d'humains sont intéressés, et je pars pour faire une visite à des fous renfermés, sans m'arrêter en route avec ceux qui mériteraient de l'être.

On témoigne, en général, beaucoup de répugnance pour un genre de maladie dont il ne faudrait pourtant pas confondre les différentes espèces : je conçois qu'à l'aspect d'un maniaque enchaîné sur la dale de pierre qui lui sert de lit, à moitié couvert de haillons qu'il déchire, en proie aux accès d'une rage frénétique qui ne trouve de relâche que dans l'épuisement de ses forces, je conçois, dis-je, qu'on détourne en gémissant ses yeux d'un pareil spectacle; mais avec un cœur aussi sensible qu'un autre, je ne vois pas, je dois l'avouer, un grand motif de tristesse dans l'image de cette folie commune qui n'atteste, sans aucune apparence de douleur physique, qu'un dérangement dans l'organisation morale. On ne s'appitoie pas sur le malheur d'un sot : pourquoi gémirait-on sur le malheur d'un fou? Cet homme qui se croit le *Père-Eternel*, est-il plus malade que tel autre qui se croit un Voltaire? Le premier occupe une loge aux Petites-Maisons, et amuse quelquefois ceux qui l'écoutent disserter sur ses visions mystiques; l'autre pérore dans un salon, dans une académie où il ennuie son monde avec impunité, par cela seul qu'il n'a pas encore été juridiquement interdit: j'aperçois bien une différence essentielle dans la manière dont la société les traite et les envisage, mais je ne m'explique pas sur quoi cette différence se fonde. Si je montre pour les fous un peu moins de pitié, en revanche, j'ai pour eux plus de respect qu'on ne leur en accorde. La folie n'est pas à l'usage de tout le monde, car elle suppose l'existence antérieure de la faculté qu'on a perdue. Il est beaucoup de gens dont on pourrait, avec un peu de soin, faire des imbécilles; très-peu sont d'étoffe à faire des fous.

Ces réflexions que je faisais, il y a quelques jours, sur la route de Charenton, où j'allais visiter la Maison des Insensés, et qui paraîtront peut-être à mes lecteurs très-dignes de ceux qui l'habitent, me remirent en mémoire l'aventure d'un fakir, rapportée dans le *Molomdat*, ou Récueil d'*Echantillons* du philosophe Saadi.

Un fakir, nommé *Melick*, se présente à la cour de *Nouschirvan-Scha*, où il avait été précédé par la réputation qu'il s'était acquise de reconnaître au premier coup-d'œil et de guérir les insensés. Le monarque voulut que la première expérience se fît sous ses yeux, et donna ordre que le lendemain on amenât au palais un certain nombre de fous choisis parmi ceux dont l'état était le plus désespéré. Melick se rendit au divan à l'heure indiquée, et fut introduit, en attendant l'audience du prince, dans une salle spacieuse où plusieurs personnes étaient déjà rassemblées : il les examina l'une après l'autre avec beaucoup d'attention, les questionna, prit notes de leurs réponses; et lorsque le sultan parut, il s'approcha de son trône, frappa trois fois la terre de son front, et parla en ces termes : « Soleil d'équité, le peu de momens que je viens de passer avec les fous qui m'ont été amenés par ton ordre, m'a suffisamment éclairé sur la nature et la cause de leur mal; et je suis prêt à faire sur ces gens-là (continua-t-il en montrant ceux avec lesquels il s'était entretenu) l'expérience d'un traitement dont leur guérison doit être l'infaillible résultat. » Nouschirvan ne put se défendre d'un mouvement de colère dont le fakir faillit à être victime, en voyant que celui-ci prenait pour des fous plusieurs de ses courtisans, de ses ministres et des principaux officiers de son palais; mais le pieux solitaire, sans paraître plus étonné de sa méprise que de la fureur du monarque, répondit en s'inclinant avec respect : « Prince, souviens-toi de ce précepte de Zoroastre : *L'homme qui agit sans discernement est comparable à la brute, et n'aura jamais place dans le champ de lumière*. Daigne m'écouter, et vois si je suis cet homme que Zoroastre condamne. Je suis mandé dans ton palais pour examiner et guérir des insensés : la première personne qui se présente est ce vieux seigneur qui occupe en ce moment une place derrière ton trône; brisé par l'âge et les infirmités, sa main tremblante soutient avec peine le glaive dont elle est armée pour ta défense : il y a vingt ans que l'heure de la retraite a sonné pour lui; possesseur d'une fortune immense, d'un palais délicieux sur les bords de l'Euphrate, il pourrait y trouver le repos, seul bonheur de la vieillesse, et laisser à son fils l'honorable emploi qu'il occupe sans le remplir; mais, de son propre aveu, il sacrifie ses goûts, ses besoins, l'intérêt de son prince et l'estime publique à de misérables considérations dictées par une vanité puérile, à de vaines apparences d'un crédit qu'il n'a pas. Cet homme est fou, et je ne crains pas de confirmer mon premier jugement.

» Cet autre (continua le fakir en désignant un personnage, dont le teint pâle et la vue débile annonçaient un homme fatigué par l'étude); cet autre, je le sais, est un des savans les plus renommés de tes Etats; des connaissances immenses dans les sciences physiques sont pour lui le résultat de trente ans de travaux assidus; il reçoit de ta munificence mille bourses par an pour appliquer le fruit de ses études à des expériences utiles : peut-être supposes-tu, Magnifique Sultan, qu'il cherche, dans l'application de nouveaux procédés chimiques, des moyens pour faire prospérer tes manufactures; dans l'étude de l'anatomie, de la botanique, des découvertes applicables à l'art de guérir, qui n'est pas la même chose que la médecine; dans l'astronomie, des méthodes pour régulariser les calculs nautiques, pour assurer la navigation et perfectionner la marine ? Non, ses travaux ont un but tout différent : il te dira dans quel ordre sont rangées les couches de terre dont se composent les montagnes du Caucase; de quel métal était revêtu le fourreau du sabre du conquérant *Scander* (Alexandre); quels étaient les animaux qui peuplaient l'île de Taprobane avant le déluge universel; combien l'Océan contient de tonnes d'eau salée, et beaucoup d'autres vérités de cette importance : maintenant, Seigneur, c'est à toi de juger si j'ai eu tort de mettre au rang des fous un homme qui fait un pareil usage de son tems, de son génie et de tes bienfaits.

» Que voulais-tu, grand Roi, que je pensasse de cet *Houka-Berdar* (1) qui se croit dans l'Etat un personnage de la plus haute importance, parce que sa famille jouit, depuis quatre siècles, du privilége honorable d'allumer des pipes ? qui ne m'a parlé que de la requête qu'il doit te présenter incessamment, à l'effet de prendre rang

(1) Porteur de la pipe que l'on nomme *houka*.

au *dorbar* (1) et dans les fêtes publiques avant les généraux qui commandent tes armées, et avant les premiers magistrats, organe de ta justice ?

» N'aurait-il pas fallu que j'eusse renoncé à ma raison, pour ne pas voir combien a souffert celle de ce gros homme imberbe à qui ta *Sublimité* confie la garde de son harem, et qui se ruine à s'en composer un pour lui-même ? Dans son état, tout autre qu'un fou m'aurait-il parlé de *ses femmes*, de *ses eunuques*, de ce pavillon *mystérieux* qu'il fait construire au milieu de ses jardins ?

» Quant au chef des mages, qui m'a entretenu si cavalièrement de ses courses, de sa table, de ses chevaux et des intrigues de cour au milieu desquelles il se soutient à force de souplesse et d'impudence, c'est uniquement par respect pour le caractère dont il est revêtu, que je le range dans la classe des insensés ; et c'est aussi le seul dont je ne me charge pas d'entreprendre la guérison : le siége du mal est dans le cœur, et je n'y connais point de remède. »

---

(1) La cour des monarques persans et indiens.

Nouschirvan ne jugea pas à propos de pousser plus loin la justification du fakir : il l'avait écouté avec beaucoup d'attention ; et loin de s'offenser d'une satire ingénieuse dont il reconnaissait la vérité, il voulut le retenir près de lui et l'élever aux honneurs dont il paraissait digne. Le médecin des fous, plein de reconnaissance, mais exempt d'ambition, n'accepta pas les bienfaits d'un monarque qu'il proclama, en le quittant, le plus sage des hommes et le plus grand roi de son siècle. L'histoire a confirmé ce jugement, à l'appui duquel on peut citer le testament authentique de ce prince, que l'abbé Fourmont a traduit d'un manuscrit turc. En voici les dernières lignes que Nouschirvan adresse à son fils Hormizdas :

« Mon fils, vous allez régner. Voulez-vous être digne du trône que je vous laisse ? faites justice, réprimez l'insolence, soulagez le pauvre, aimez les lettres, protégez les sciences, écoutez les vieillards, employez les jeunes gens, et n'en croyez que vos yeux pour chercher le mérite. Si vous observez exactement cette règle, le ciel vous exaucera, vos ennemis vous craindront, vos amis vous seront fidèles, vous ferez le bonheur de vos sujets, ils feront votre félicité. »

Tout en devisant avec mes lecteurs, et de digression en digression, j'ai fait, sans m'en apercevoir, la route de Paris à Charenton, et me voilà arrivé à la porte en même tems que le docteur N......., ami particulier du directeur de la maison, et l'un des hommes qui honore le plus une profession dont il ne fait pas un métier, comme la plupart de ses confrères. Après une reconnaissance égayée par quelques plaisanteries locales, le docteur m'a présenté, sous mon nom d'*Hermite*, à M. C***, dont la taille pourrait être mieux prise, mais dont l'esprit ne saurait être mieux fait. Avant de commencer notre visite, et tout en déjeûnant, le docteur a entamé une petite dissertation sur *la folie*, dont il ne croit pas, contre toute raison, selon moi, que le siége soit dans le cerveau, mais qu'il définit très-bien *l'erreur de l'entendement qui juge mal durant la veille des choses sur lesquelles tout le monde pense de la même manière.* Une fois bien d'accord sur ce point, que cette maladie de l'esprit arrive on ne sait comment, provient on ne sait de quoi, et loge on ne sait où, il a été question des moyens curatifs, des traitemens adoptés par les praticiens les plus habiles, et des expériences faites depuis quelque tems. « Je ne suis frappé que d'une chose, dis-je à ces Messieurs, après les avoir écoutés bien attentivement, c'est qu'on emploie pour guérir la folie des moyens dont l'application à des gens sensés suffirait pour les rendre fous. S'il m'est permis, en votre présence, d'avoir une opinion sur cet objet, je ne crains pas d'avancer que la contrainte que l'on exerce envers les insensés est le premier et le plus grand obstacle à leur guérison. » Il était naturel que l'on m'objectât l'intérêt général, qui fait une loi de leur réclusion; mais j'avais pour moi l'autorité des faits, et je l'opposai avec avantage à tous les raisonnemens.

« Vous ne savez peut-être pas, Messieurs (continuai-je avec la satisfaction d'un écolier qui apprend quelque chose à ses maîtres), qu'il existe en France, dans le département des Deux-Nèthes, une bourgade qui s'appelle *Gheel*, dont les quatre cinquièmes des habitans sont fous, mais fous dans toute la force du mot, comme ceux que l'on traite dans cette maison, et qu'ils jouissent, sans inconvéniens, de la même liberté que tous les autres citoyens. Ce fait extraordinaire a besoin de quelques explications. Il y a bientôt un demi-siècle qu'un magistrat d'Anvers, frappé du mal-être qui résulte pour les insensés de leur réunion dans un même hôpital, obtint du gouvernement la permission de les faire transférer dans la commune de Gheel, et de les distribuer chez tous les habitans, qui reçurent pour chacun d'eux une pension assez forte pour les indemniser de leurs frais et même de leurs soins. Le choix de ce petit bourg n'avait pas été fait au hasard : placé au milieu d'une vaste bruyère qui l'isole de toutes parts, la surveillance y devient très-facile, et deux ou trois hommes suffisent pour garder ce troupeau d'insensés, qu'une cloche rappelle chez leurs hôtes aux heures des repas et à la chute du jour. Des alimens sains, un air pur, un exercice habituel, toute l'apparence de la liberté, tel est le régime qu'on leur prescrit, et auquel le plus grand nombre doit, au bout de l'année, sa guérison. J'ai passé deux jours au milieu de cette colonie d'insensés : il s'y dit peut-être un peu plus de sottises ; mais, en revanche, il s'en commet beaucoup moins qu'ailleurs : aussi n'ai-je point été étonné qu'un *sage*, M. le R***, ait fixé là son domicile. » Comme ces Messieurs ne me paraissaient pas disposés à me croire sur parole, je leur lus ce paragraphe d'un mémoire imprimé de M. le comte de Pontécoulant, alors préfet du département de la Dyle, dont l'administration a laissé de si honorables souvenirs dans la mémoire des habitans de ce pays.

« Les insensés (1) étaient entassés autrefois à Bruxelles dans un local étroit et mal-sain, dont les incommodités suffisaient pour rendre incurable la maladie qui les y conduisait.

» J'ai cru remplir à-la-fois un devoir de l'humanité et une obligation de ma place en adoptant, à l'égard de ces infortunés, un usage recommandable par les succès d'une longue expérience. Instruit que la commune de Gheel, dans le département des Deux-Nèthes, était un asile ouvert à ce genre d'infirmité; après m'être entendu

---

(1) *Exposition de la situation administrative du département de la Dyle au 1er germinal an 13*, par M. de Pontécoulant. Bruxelles, chez Weissenbruck.

avec le préfet de ce département, j'ai fait transférer tous les fous de l'hospice de Bruxelles dans le village de Gheel, où ils jouissent d'une liberté qui n'exclut pas les soins que leur état exige.

» Des commissaires délégués par le conseil-général des hospices se rendent périodiquement sur les lieux pour vérifier si l'on remplit envers ces infortunés toutes les obligations auxquelles sont tenus, par contrats, les habitans qui en sont chargés. »

Ce ne fut qu'après avoir pris note de tous les détails que je lui communiquai sur la colonie de Gheel, que M. C*** satisfit au désir que j'avais de connaître un établissement qu'il administre avec un zèle digne des plus grands éloges.

« La folie (me dit-il tandis que nous traversions la première cour) n'est, en y regardant bien, que le développement excessif des vices, des travers et des ridicules que l'on trouve dans le monde; là, comme ici, elle se présente sous un nombre infini d'espèces que l'on peut cependant classer dans un de ces trois genres: *la frénésie*, *la manie* et *l'imbécillité*: au premier appartiennent toutes les passions violentes et la famille nombreuse des crimes, des vices, des excès qu'elles produisent; dans le second viennent se ranger d'eux-mêmes les défauts les plus nuisibles et les ridicules les plus marqués : le troisième genre comprend les innombrables variétés de cette maladie de la raison humaine, qui réduit l'homme à l'état de la plante : ce qui fait, ajouta le docteur en riant, que l'on a comparé quelquefois la société à une plate-bande. »

Nous approchions du quartier des *furieux*, dont les hurlemens redoublèrent lorsqu'ils nous aperçurent à travers les barreaux de leurs loges. Je m'arrêtai un moment à considérer un homme sec dont le regard était plus méchant que farouche, et qui nous menaçait d'un sourire dont je n'ai jamais vu la cruelle expression que sur la figure du premier de nos tragédiens. « Ce malheureux, me dit notre guide, est un homme d'une haute naissance, à qui la nature avait donné le cœur d'un tigre et l'esprit d'un singe; toutes les années de sa jeunesse ont été marquées par des crimes dont il a osé faire publiquement l'apologie dans un âge plus avancé. Privé, pour toute punition, du pouvoir de nuire, il est devenu fou de méchanceté, et à défaut d'autre victime, c'est maintenant sur lui-même que s'exerce sa rage. Son existence accusait la justice des lois, sa démence a vengé la morale publique. » Nous nous éloignâmes promptement de ce forcené, qui nous laissa pour adieux ce charitable avertissement : « Soyez tranquilles ! je me charge de vous faire écorcher tout vifs. »

Son voisin ne paraissait ni moins agité, ni moins à plaindre : il articulait à voix basse des phrases sans suite, où revenaient sans cesse les mots de *femme*, de *rival*, et de *faux toupet*. Ce dernier mot figurait si singulièrement dans ses plaintes tragiques, que j'en demandai l'explication au docteur. « Il y a effectivement, me dit-il, quelque chose de bien risible, sinon dans le malheur de ce pauvre homme, du moins dans la cause de son infortune : il est fort laid, comme vous voyez, mais il était fort riche ; il n'est donc pas étonnant qu'il ait épousé une femme très-belle, et d'une condition supérieure à la sienne. Naturellement jaloux, la coquetterie de sa femme lui donna de fréquentes occasions de se livrer à ce penchant funeste. Il avait, ou croyait avoir pour rival (car il ne faut jurer de rien) un jeune homme à qui la nature avait prodigué tous les avantages physiques, aux cheveux près cependant, dont quelques parties de sa tête étaient si mal pourvues, qu'il était obligé, pour remplir les lacunes de sa chevelure, d'avoir recours à la main industrieuse des Harmand ou des Michalons; en un mot, il faisait usage de ces fragmens de perruque que l'on appelle des *Mouches*. Je ne vous dirai pas au juste comment et dans quel endroit ce mari soupçonneux trouva l'échantillon d'une coiffure qui l'inquiéta si vivement sur la sienne; mais, dès ce moment, l'enfer fut dans sa tête, sa jalousie devint un délire, et sa raison se perdit dans des transports furieux, que le seul aspect d'une femme porte à un degré de violence dont il est difficile de se faire une idée. » Il me fut impossible de supporter la vue des tourmens auxquels étaient en proie deux autres frénétiques enfermés dans cette enceinte, et nous entrâmes dans le quartier des *maniaques*, sur chacun desquels M. C*** me donnait quelques renseignemens à mesure que nous passions devant la chambre que chacun d'eux occupait.

« Celui-ci, me dit-il, en me montrant un

homme qui se promenait de long en large, un porte-voix de carton à la main, est un capitaine de corsaire; après une course aussi brillante que productive, en vue du port où il allait entrer et mettre en sûreté ses richesses, il fut attaqué et pris par une frégate qu'il combattit deux heures avec intrépidité : ce malheur, joint à la cruauté des traitemens qu'il a éprouvés dans les prisons d'Angleterre, lui a fait perdre l'esprit ; il se croit toujours à bord de son vaisseau, livrant le combat qui lui fut si fatal, et ne cesse de crier : *Qu'on mette le feu à la sainte-barbe!* »

La chambre voisine, grotesquement décorée de chiffons et d'oripeau, était occupée par ce pauvre T...... que j'avais connu dans le monde atteint d'une folie différente, et pour le moins aussi ridicule. Lorsqu'il passait pour raisonnable, il était persuadé que l'ame de l'homme résidait dans son coude-pied, et que la danse où il excellait, était, de toutes les perfections, celle qui nous rapprochait le plus de la Divinité; maintenant il se croit ambassadeur du Grand-Mogol : chamarré de rubans de toutes couleurs, de décorations de tous les pays, il se complaît dans ces chimériques grandeurs, et donne audience, dans sa cellule de Charenton, avec une dignité très-amusante, qui n'est pas tout-à-fait sans modèle. Que gagnerait-il à sa guérison? Il n'est plus dans l'âge de la danse, et le retour de sa raison lui ferait perdre son ambassade.

Plus loin, habitait un philosophe, devenu fou à force de répéter à ses propres dépens l'expérience de Spallanzani sur les *animalcules infusoires*. Son logement communiquait avec celui d'un vieux commentateur dont la raison s'est éteinte dans les recherches profondes qu'il a faites pour découvrir si les anciens portaient perruque.

Leur voisin était un laquais de grande maison dont la cervelle s'était dérangée, parce qu'il n'avait pas été admis à l'honneur de monter derrière le carrosse de son maître dans un jour de cérémonie.

En passant à travers un corridor pour nous rendre dans le quartier des femmes, nous vîmes un fou à qui l'on mettait *le corset de force*. M. C*** prévint la demande que j'allais lui faire : « Cet homme, me dit-il, était autrefois un écrivain satirique : ce métier-là n'est pas sans danger, et les gens en colère ne regardent pas où ils frappent. Dans le dernier assaut qu'il a eu à soutenir, sa tête a porté contre un bâton, et l'aliénation mentale s'en est suivie : depuis qu'il est fou, il a changé de rôle ; il n'écrit plus contre personne, et voudrait bâtonner tout le monde. »

La folie, parmi les femmes enfermées dans cette maison, ne me paraît avoir, comme dans le monde, que deux caractères bien distincts, l'amour et la vanité.

La première à qui nous rendîmes visite était une espèce de *Tante Aurore*, dont les romans mélancoliques avaient brouillé la cervelle. Assise au pied de son lit, une mauvaise guitare sans cordes à la main, elle se croyait au bord d'un torrent, sur la pointe d'un rocher, et fredonnait d'une voix éteinte une romance où l'*oiseau de nuit* et le *vent du désert* n'étaient pas oubliés.

Cette folle avait pour voisine une jeune personne dont le malheur m'intéressa bien davantage : abandonnée par un infidèle la veille du jour fixé pour son mariage, le chagrin brisa son cœur, et la perte de sa raison, qui fut la suite du désespoir où elle se livra, la rendit aux douces illusions qu'elle avait perdues.

Je témoignai à ces Messieurs ma surprise de voir dans cette maison une femme qui n'avait d'autre folie que de se croire de trente ans plus jeune qu'elle n'est, de sourire gracieusement à tous les jeunes gens, et d'être convaincue qu'on ne peut la voir sans tomber amoureux d'elle. Si ce sont là des preuves de démence, où logera-t-on toutes celles qui en sont atteintes?

Je me suis arrêté quelque tems à considérer avec surprise une femme dont la folie est directement opposée à la cause qui l'a produite. Cette dame, que les excès d'une dévotion mystique ont privée de sa raison, éprouve maintenant un délire d'une nature toute différente : il est impossible de deviner à quelles suggestions elle est redevable des idées, des images qui se présentent nécessairement à son esprit pour la première fois, et qu'elle énonce dans un langage qu'elle n'a jamais eu l'occasion d'entendre.

J'avais entendu dire que M. C*** avait cherché dans les concerts et dans les jeux scéniques exécutés par ses pensionnaires, un moyen d'opérer ou de préparer leur guérison ; je fus témoin de cette double expérience, et les remarques qu'elle me fournit ne vinrent pas à l'appui des espérances qu'il paraît conserver encore.

Je revins dîner à Paris, et j'allai passer ma soirée dans une assemblée très-brillante, où je continuai mes observations sur les fous, sans trop m'apercevoir que j'avais changé de lieu.

N° LXVIII. — 14 *mars* 1813.

PARIS A DIFFÉRENTES HEURES.

— Nil fuit unquam,
Tam dispar sibi. —
HOR., Sat., lib. I.

Rien de plus variable et de plus bizarre.

Un de nos plus fameux peintres, qui joint au talent supérieur qu'exigent les grandes compositions, un talent tout particulier pour ce genre de croquis que l'on a fort bien nommé *l'épigramme* du dessin, me parlait, il y a quelques jours, du projet qu'il a formé de composer une suite de caricatures à la manière d'Hogarth, ayant pour objet le développement de quelqu'idée morale. Une première esquisse qu'il m'a communiquée m'a paru aussi piquante qu'ingénieuse : dans cette suite de petits tableaux, qu'on pourrait intituler *les Contrastes*, le peintre se propose de représenter les différentes classes de la société en opposition l'une avec l'autre, de manière à rapprocher celles qui, par leur position, leurs besoins, leurs goûts et leurs plaisirs, forment entr'elles l'antithèse la plus complète, et conséquemment la plus propre à mettre en évidence les habitudes, les ridicules, les défauts et les qualités de chacune. Je réfléchissais, en le quittant, au parti qu'un moraliste observateur pouvait tirer d'un semblable rapprochement envisagé d'une manière plus générale, et tracé sur de plus grandes proportions, et je mettais à profit, pour arranger cette idée dans ma tête, le trajet de la rue de Richelieu, que je parcourais dans toute sa longueur, à trois heures du matin. En se rappelant mon âge et l'époque de l'année où nous sommes, on me demandera peut-être par quelle circonstance je me trouvais si tard ou de si bonne heure, seul, à pied, dans les rues de Paris ? Ma réponse est une histoire toute entière qui m'entraînerait trop loin de mon sujet ; elle pourra trouver sa place ailleurs.

Arrivé au coin de la rue Neuve-des-Petits-Champs, je m'y trouvai arrêté un moment par le concours des charrettes des maraichers qui portaient des légumes à la Halle, et des carrosses qui allaient au bal de l'Opéra ou qui en revenaient. Ce contraste du plaisir et du travail réunis par une activité commune dans la poursuite d'objets si différens, me donna l'idée du cadre où je pouvais renfermer les observations qui s'offraient à mon esprit, et me conduisit à considérer cette grande ville à la manière des astronomes, comme une planète qu'on ne peut bien connaître qu'en observant ses phases à différentes heures. Essayons d'en saisir les trois principaux aspects, au matin, à midi et au soir.

A trois heures du matin, dans cette saison, Paris (les jours-gras exceptés) est enseveli dans un calme profond; les rues désertes et silencieuses, qu'éclairent faiblement les réverbères qui brûlent encore, ressemblent aux longues galeries d'un monument funèbre : tout dort, excepté les amoureux et les voleurs qui rôdent dans l'ombre, et se rencontrent quelquefois sur le même balcon.

Que fait là cette voiture à la porte d'un petit hôtel de la rue de Menars? Examinons : à travers les rideaux de pourpre d'une fenêtre de l'appartement du premier, j'aperçois une faible lumière, et l'ombre qui se promène sur le rideau trahit la présence d'un homme éveillé. Le cocher, qui attend son maître en se promenant à côté de sa voiture, enveloppé dans son witchoura, a l'air d'en avoir pris l'habitude, mais les chevaux, serviteurs moins dociles, battent la terre d'un pied très-impatient : la porte s'ouvre, un gros homme en sort, soutenu sur le bras d'un laquais : je cherche à deviner qui ce peut être..... A peine la voiture a-t-elle tourné le coin de la rue, qu'un jeune homme, bloti dans l'angle d'une porte-cochère en face, vient frapper trois coups à une fenêtre basse. La porte s'ouvre pour la seconde fois, le jeune homme entre, et un moment après je vois deux ombres au lieu d'une sur le rideau délateur ; je passe mon chemin, en priant Dieu, en bon chrétien, pour les fripons et pour les dupes.

A quelques pas de là, je me trouve devant un hôtel de belle apparence, éclairé comme pour une fête. Plusieurs voitures de maîtres sont rangées dans la cour ; une file de fiacres attendent à la porte. J'examine ceux qui sortent :

les uns se fâchent contre leurs gens, les autres leur parlent avec bonté; ceux-ci rient aux éclats en appelant un fiacre, ceux-là jurent entre leurs dents en s'en allant à pied : j'entends dire que la maîtresse de cette maison n'en fait pas également bien les honneurs, qu'elle est aveugle et capricieuse; je demande son nom, c'est la *Fortune :* j'ai reconnu son palais, c'est le *Cercle des Etrangers*. Pendant que ses favoris rentrent chez eux les poches remplies d'or, des malheureux, une lanterne et un crochet à la main, disputent des haillons aux tas de boue qui les couvrent, et cherchent quelques pièces de monnaie dans le ruisseau qui les entraîne.

Il est quatre heures, le jour ne s'annonce pas encore, et deux boutiques viennent de s'ouvrir, celles du boulanger et de l'épicier; dans cette dernière, un garçon à moitié endormi rallume la lampe du comptoir, et prépare les flacons de cassis et d'eau-de-vie qu'il va débiter par poissons aux cochers de fiacre qui rentrent chez leur bourgeois après avoir veillé pour le service des bals; aux ouvriers de la plus pénible et de la plus repoussante profession; à quelques ivrognes qui ont passé la nuit dans la rue, faute de pouvoir regagner leur gîte. Au moment où s'ouvre la boutique de l'épicier, le bureau de loterie se ferme; c'est aujourd'hui le jour de clôture : une lanterne transparente en a prévenu toute la nuit les gens qui auraient pu oublier pendant le jour cette manière de placer, c'est-à-dire de perdre leur argent. Le jour paraît, les petites charrettes des laitières, les mulets chargés de légumes arrivent à la file, et croisent l'énorme diligence qui broie le pavé sous son poids. Les ouvriers vont au travail, l'activité renaît dans tous les ateliers, et le bruit de l'enclume poursuit jusqu'au fond de son palais le riche qui vient d'y rentrer, fatigué des plaisirs de la veille, et déjà en proie aux soucis du lendemain. Tout ce mouvement, d'abord concentré dans les quartiers les plus populeux, ne se communique qu'au bout de quelques heures aux quartiers du Palais-Royal et de la Chaussée-d'Antin, et plus tard encore aux faubourgs Saint-Germain et Saint-Honoré; mais une fois mis en action, avec quelle prodigieuse activité les habitans industrieux de cette région du luxe et de la mollesse ne vont-ils pas réparer le tems perdu? A huit heures, tout était en repos dans la rue Vivienne; à dix, une foule innombrable s'y agite, s'y presse dans tous les sens. Les courtiers vont prendre les ordres de leurs commettans; les garçons de caisse, l'énorme sacoche sur l'épaule, et le grand portefeuille à la boutonnière, se mettent en marche pour faire les recouvremens du jour. Tous les jockeys de la basoche sont en campagne, et font leur chemin à travers une nuée d'employés, de commis qui se rendent lentement à leurs bureaux, avisant au moyen d'en sortir le plus tôt possible.

Pendant que les spéculations mercantiles occupent, à cette heure, les habitans éveillés de la rive droite de la Seine, les travaux scientifiques sont l'occupation principale des habitans de la rive gauche. Les élèves des lycées encombrent les rues de la Harpe et Saint-Jacques; les disciples d'Hippocrate, un Barthès ou un Richerand sous le bras, s'acheminent vers les hôpitaux pour y chercher des exemples à l'appui des préceptes; les gens de lois, en toque et en robe, gagnent à pas précipités l'antre de la chicane, en feuilletant un dossier par maintien; enfin, les savans écoliers du Collége de France vont achever d'éclairer leur esprit et de former leur goût à l'école des Tissot et des Lacretelle.

Veut-on jouir d'un spectacle moins uniforme, et peut-être aussi moins édifiant? il faut se rapprocher du Palais-Royal : vers trois ou quatre heures, les cours en sont remplies d'une classe particulière de négocians ou plutôt de spéculateurs, et la Rotonde est envahie par les *marrons* qui font ce qu'on appelle des *affaires*; c'est-à-dire, qu'ils escomptent des effets à cinq pour cent par mois, ou qu'ils vendent à terme des marchandises qu'ils n'ont pas. En repassant par la rue Vivienne ou par celle de Richelieu, vous trouverez la foule éclaircie; les piétons circulent le long des boutiques, et abandonnent le milieu du pavé à des voitures brillantes qui s'arrêtent à la porte des principaux magasins : de jeunes femmes en descendent pour faire des emplettes, et il ne tient qu'à vous de croire qu'elles sont très-surprises de trouver là des jeunes gens de leur connaissance que le hasard y amène tout exprès. Si quelque rayon de soleil égaie la matinée, cet essaim de mouches brillantes se répand aux Tuileries ou sur le chemin du bois de Boulogne, tandis que les élégans du second ordre, les célibataires et les désœuvrés de la Chaussée-d'Antin, assis sur le boulevart de Coblentz, attendent patiemment l'heure du dîner en regardant danser des petits Savoyards. Ces enfans laborieux

Qui de Savoie arrivent tous les ans,
Et dont la main légèrement essuie
Ces longs canaux engorgés par la suie,

trouvaient jadis dans leur travail, non-seulement un moyen d'existence, mais une source de petites économies qu'ils reportaient dans leur famille : depuis qu'une administration paternelle est parvenue, sinon à détruire la mendicité, du moins à atténuer beaucoup ce fléau, les petits ramoneurs se sont donné rendez-vous sur ce boulevart et dans toutes les promenades publiques, où ils perçoivent à leur profit l'impôt que les mendians de profession avaient mis sur la charité publique.

L'heure du dîner rappelle les gens de bon ton à Paris, et tandis que le modeste artisan, harassé de fatigue, va retrouver sa famille, et manger avec appétit la salade de pomme-de-terre ou le morceau de petit lard apprêté par sa ménagère, les heureux du jour courent en voiture à ces dîners *priés*, où l'ennui corrompt tous les mets que l'art des plus habiles cuisiniers assaisonne : les parasites, en bas noirs, gagnent sur la pointe du pied la maison où ils se persuadent que leur couvert est mis ; et plus d'un aventurier dont la bourse est à sec va rôder sous les galeries du Palais-Royal, pour y trouver un ami qui les invite ou qui leur donne le moyen d'aller faire un de ces excellens dîners *à* 30 *sous* par tête, dont ils sont quelquefois réduits à lire à jeûn les nombreuses affiches qui tapissent les colonnes des galeries.

A ce moment d'activité succède un calme qu'interrompt de nouveau l'heure des spectacles : toutes les portes-cochères s'ouvrent, les voitures s'élancent ; les théâtres et les cafés se remplissent.

Une heure après la sortie des spectacles, les boutiques se ferment ; les artisans, les bourgeois, les gens occupés de toutes les classes se retirent paisiblement chez eux, et abandonnent les rues de Paris à une population nocturne, dont les mœurs ne peuvent être observées que par ceux qui les surveillent, et qu'il faut laisser dans l'ombre où la crainte et la honte les retiennent.

N° LXIX. — 20 *mars* 1813.

PROMENADE A LA BIBLIOTHÈQUE IMPÉRIALE.

Non desunt crassi quidem qui studiosos à libris deterreant.

ERASMUS.

Nous ne manquons pas d'ignorans qui cherchent à détourner les savans de l'étude.

Le caractère des peuples a cela de commun avec celui des individus, qu'il se compose le plus souvent des qualités ou des défauts qui semblent s'exclure. C'est ainsi, par exemple, qu'on reproche aux Parisiens d'être tout-à-la-fois badauds et apathiques. Tel bourgeois de la rue Saint-Denis qui croit ne jamais arriver assez vîte au parapet d'un quai pour voir un train de bois qui descend la rivière, passe depuis quarante ans deux ou trois fois par jour sous le bel arc triomphal de Blondel, sans y faire plus d'attention qu'à l'arcade de Colbert. Cet honnête homme atteindra, comme un autre, sa soixantième année sans savoir autre chose, sinon qu'il y a dans le quartier Saint-Germain-l'Auxerrois un grand bâtiment carré qu'on appelle le *Louvre*, dont la cour sert de passage et abrège une bonne partie du chemin à ceux qui vont du Palais-Royal à la rue de Thionville; que les *Tuileries* sont un grand jardin où l'on se promène gratis, ce qui fait qu'il le préfère à Tivoli; que les *Invalides* se distinguent entre tous les bâtimens de Paris par un grand dôme couvert de lames de cuivre doré : mais si vous ajoutez en sa présence que la colonnade du Louvre est un monument immortel du génie de Perrault; que le jardin des Tuileries a fondé la réputation de Le Nôtre; que l'intérieur du dôme des Invalides sert de cadre à la superbe fresque de Lafosse, et présente le plus bel effet de perspective qui soit connu dans la peinture; si, dis-je, vous faites devant lui quelques observations de cette nature, notre bon bourgeois ouvrira de grandes oreilles, et regardera de tems en tems sa femme pour tâcher de lire dans ses yeux si vous ne vous amusez pas à ses dépens.

De tous les monumens de Paris, le plus curieux, le plus intéressant et le moins fréquenté par l'immense majorité de sa population, c'est incontestablement la Bibliothèque impériale; vaste dépôt des connaissances humaines, véritable tour de Babel où règne la confusion des langues, et qu'ont néanmoins élevée les plus beaux génies de toutes les nations et de tous les siècles. Je ne m'étonnerais point qu'un pareil établissement ne fût habituellement fréquenté que par la classe studieuse qui vient puiser à cette source profonde une instruction qu'elle ne peut trouver ailleurs; mais je suis toujours surpris que le seul attrait de la curiosité n'y amène pas de tems en tems cette foule de gens désœuvrés pour qui tout est spectacle dans la capitale.

L'origine de la Bibliothèque impériale, la plus riche et la plus magnifique qui ait jamais existé, ne remonte pas au-delà du quatorzième siècle : le roi Jean passe pour en être le fondateur; elle se composait alors d'une cinquantaine de volumes. Charles V, son successeur, qui joignait un grand amour des lettres à tant d'autres vertus royales, la porta, par un accroissement rapide, à 910 volumes; il voulut que tous ses sujets en profitassent, et la fit placer dans une des tours du Louvre, qui prit le nom de la *Tour de la Librairie*, et à la voûte de laquelle il ordonna qu'on appendît trente petites lampes d'argent, afin que l'on pût y travailler à toute heure. Cette même Bibliothèque est aujourd'hui de trois ou quatre cent mille volumes; et l'on conviendra que si l'accroissement des connaissances est le moins du monde en proportion avec celle des livres, les lumières doivent avoir mis plus de distance que le tems entre nous et nos aïeux. Il est bien vrai cependant que si l'on réduisait cette immense collection au petit nombre de livres qui contiennent des idées neuves, des vues utiles, des vérités incontestables; que si l'on vendait à la livre, au profit du goût et du bon sens, les compilations indigestes, les assommans commentaires, l'amas des controverses, les contrefaçons des plagiaires, l'énorme fatras des romanciers, la masse épouvantable de tant de poésies soi-disant légères; il est vrai, dis-je, que si l'on faisait cette réduction, on pourrait loger toute la Bibliothèque dans une des galeries du palais qu'elle occupe; mais il y a de l'exagération à soutenir, comme le fait un de mes amis, homme très-dénigrant de sa nature, qu'au moyen de cette épuration, la Bibliothèque ne se trouverait pas plus volumineuse qu'au tems du roi Jean. Quoi qu'il en soit de sa composition, où il est tout simple que le mauvais l'emporte de beaucoup sur le bon, et dont il ne faudrait même pas l'exclure si l'on en avait les moyens, cette Bibliothèque est un des monumens dont la France doit s'honorer davantage : dix-huit monarques et les plus grands ministres de ces différens règnes ont mis tous leurs soins à l'augmenter; mais ce ne fut qu'en 1721 qu'elle prit une véritable consistance, et qu'elle fut réunie dans un même local, à l'ancien hôtel de Nevers, devenu l'hôtel de la Banque Royale.

Ce vaste édifice, d'un assez bon goût d'architecture dans son extrême simplicité, ne présente à l'extérieur, sur la rue de Richelieu, que de hautes murailles percées de loin en loin de quelques fenêtres dénuées, ainsi que la porte principale, de toute espèce d'ornemens. Vu de la cour, l'aspect de ce bâtiment, en forme de parallélogramme, ne manque ni de noblesse, ni même de cette sorte d'élégance qui résulte en architecture de la régularité de l'ensemble.

Les gens qui cherchent en toutes choses le mérite des convenances, pourraient fort bien remarquer que le modèle en bronze de la Diane d'Houdon n'est point à sa place au milieu de cette cour, où l'on s'attend à trouver quelque groupe allégorique d'un costume plus sévère. Un bel escalier conduit aux galeries supérieures; c'est là que se trouvent les livres imprimés et le cabinet des médailles. Il y a quelque chose de religieux dans l'impression qu'on éprouve en entrant dans cette espèce de Panthéon où tant d'autels sont élevés à des dieux inconnus. Le silence le plus profond règne sous ces doctes voûtes : il n'est troublé que par les pas mesurés des desservans du temple qui parcourent les galeries pour y chercher les livres qu'on leur demande, et par le bruit scientifique des feuilles de l'*in-folio*, qui froissent l'air en passant sous les doigts du lecteur.

Les habitués de la Bibliothèque se partagent en deux classes bien distinctes, les curieux et les travailleurs ; les premiers sont aisés à reconnaître : ils arrivent à une heure, entrent d'un air timide, et semblent craindre de faire crier sous leurs pas le parquet de ces salles consacrées à l'étude. Leurs regards incertains glissent sans s'arrêter sur ces rayons chargés de livres dont plusieurs jours ne leur suffiraient pas pour lire seulement les titres ; ils se hâtent d'arriver dans la galerie de l'Est, pour y voir ces trop fameux globes de Coronelli, objet de la curiosité de tous les provinciaux, et dont le plus grand mérite (qui n'est encore qu'un grand inconvénient) est d'avoir environ trente-cinq pieds de circonférence.

Tout le monde sait que ces globes sont un monument de l'admiration du cardinal d'Estrée pour Louis XIV. L'inscription du globe céleste porte : que *toutes les étoiles du firmament et toutes les planètes y sont placées au lieu même où elles étaient à la naissance de ce fameux monarque.* L'inscription du globe terrestre nous apprend : qu'il a été construit *pour montrer les pays où tant de grandes actions ont été exécutées à l'étonnement des nations que Louis eût pu soumettre, si la modération n'eût prescrit des bornes à sa valeur.*

Le Parnasse français de Titon du Tillet partage avec les globes de Coronelli les hommages et les visites des amateurs provinciaux. Ce monument, dont l'invention me paraît médiocre et l'exécution faible, est du moins placé très-convenablement dans une des galeries de ce temple des Muses.

L'allure de l'homme studieux qui fait habituellement de la Bibliothèque son cabinet de travail, est tout-à-fait différente ; économe du tems qu'il peut y passer, on le voit attendre dans la cour le moment où l'horloge sonne dix heures : les portes s'ouvrent, il monte rapidement l'escalier, traverse les salles en homme qui connaît le local, et va prendre sa place accoutumée dans la galerie où siégent les bibliothécaires. Le plan de son travail est fait, il n'hésite pas sur le livre qu'il doit demander, et qu'il va souvent prendre lui-même dans la case où il l'a déposé la veille. Assis près d'une table sur laquelle il range ses papiers, sa tabatière ouverte près de lui, il lit, prend ses notes, et quatre heures s'écoulent sans qu'il ait seulement jeté les yeux sur ceux qui travaillent à la même table, et sans qu'il se soit aperçu que la température est à six degrés au-dessous de zéro, dans ce lieu où jamais une étincelle de feu n'a pénétré.

Il y a ici, comme ailleurs, et plus qu'ailleurs peut-être, des originaux à voir et des ridicules à observer. Que fait là tout seul à cette table, au milieu de vingt volumes sillonnés de petites bandes de papier écrites, cet homme en habit vert tendre qui s'essuie le front comme s'il travaillait à creuser la terre ou à scier du marbre? Il compile, mais plus franchement que l'abbé Trublet : celui-ci ajoutait le peu d'esprit qu'il avait à celui qu'il empruntait aux autres; l'homme à l'habit vert ne fait aucune mise de fonds, et ne trafique que du bien d'autrui. On ne prend pas avec plus d'impudence, et c'est de lui qu'on peut dire qu'*il fait du dégât dans les bons livres*. Il a publié vingt volumes, ce qui veut dire qu'il en a dépecé deux ou trois cents : aussi prend-il fièrement la qualité d'homme de lettres et de membre de plusieurs sociétés savantes.

Si je fais peu de cas de ce manœuvre littéraire, je n'estime guère plus ce poudreux commentateur dont les recherches critiques ont pour but de soutenir quelques paradoxes bien absurdes, à l'aide d'une foule de citations que personne n'ira vérifier. Il achève en ce moment, pour la plus grande gloire des lettres, un ouvrage en quatre volumes in-4°, où il prouve que Montaigne n'est pas l'auteur des *Essais*, et que la traduction d'Amyot est l'ouvrage de Jean de Mauneout. Entre ces deux harpies littéraires, je remarque un auteur du Vaudeville qui vient chercher des traits de couplets dans les énigmes des anciens *Mercure*. Plus loin, c'est une dame, ouvrière en romans, qui tâche de se faire un fonds des idées, des situations, des caractères qu'elle emprunte aux Durfé, aux Scudéri, et dont elle compose ses romans nouveaux. A l'autre bout de la table, je reconnais deux garçons journalistes occupés, par ordre de leur bourgeois, à faire des extraits de Fréron, de Linguet, de Desfontaines; ce qui pourrait peut-être expliquer comment on voit périodiquement reparaître, à propos de telle tragédie, de telle comédie nouvelle, certains traits de critique qui ont été lancés contre *Mérope*, *la Métromanie*, etc.

Je vais rarement à la Bibliothèque sans entrer dans le cabinet des médailles ; cette magnifique collection, enrichie par la victoire, est aujourd'hui la plus complète de l'Europe. L'esprit d'ordre, les recherches savantes de l'abbé Barthélemy, continuées par ses laborieux successeurs, ne laissent plus à désirer dans l'arrangement méthodique de tant de médailles et de pierres gravées, qu'une preuve de l'utilité réelle, ou même de l'existence de cette science numismatique, dont j'ai bien peur qu'on ne connaisse encore que le nom. J'attends pour changer d'avis que quelqu'un veuille bien m'assurer qu'un seul point d'histoire ait été éclairci par le secours ou par l'étude des médailles, depuis plus de deux siècles qu'une classe de savans s'occupe exclusivement de cette branche de l'archéologie. A ma dernière visite, au moment où j'entrais, deux antiquaires célèbres se disputaient sur une médaille de cuivre dont l'empreinte effacée laissait le champ libre aux conjectures. L'un soutenait que cette médaille était de la troisième année du règne de Tibère, l'autre voulait qu'elle eût été frappée sous le règne de Vespasien : survint un troisième savant, qui prononça que c'était une médaille *spintrienne* représentant les Amours de Pasiphaé. La dispute allait s'échauffant, lorsqu'un bourgeois de Salamanque, qui se trouvait là par hasard, après avoir jeté les yeux sur la médaille, déclara que c'était un *maravedi* espagnol.

La salle des manuscrits est pour moi l'objet d'une vénération toute particulière : je ne jette pas les yeux sur les nombreux cartons dont elle est tapissée, sans songer qu'ils renferment peut-être la réputation de vingt hommes de génie, qui n'ont besoin que d'un peu de bonheur, d'adresse ou de patience pour découvrir le carton où repose leur immortalité. Depuis quelque tems cet espoir paraît avoir saisi bien du monde, à en juger par le nombre d'investigateurs que l'on rencontre dans les salles des manuscrits, et qui pâlissent sur de vieux parchemins dont souvent, après six mois de travail, ils ne retirent d'autre fruit que de savoir au juste à quelle époque remonte la fondation d'un couvent de capucins, ou les priviléges d'une confrérie de pénitens.

Je sors rarement de la Bibliothèque sans visiter le cabinet des estampes; j'y trouve, autour d'une grande table couverte d'un tapis vert, de jeunes artistes qui viennent étudier les œuvres des grands maîtres, et puiser des idées pour des compositions nouvelles; des acteurs chargés de représenter sur la scène quelque grand personnage, consultent leur portrait pour se conformer au costume dont il n'est plus permis de s'écarter depuis que le premier de nos tragédiens a donné à cet égard l'exemple de la fidélité la plus scrupuleuse.

La dernière fois que je visitai la Bibliothèque, je demandais à un étranger que j'y avais conduit ce qu'il y avait trouvé de plus intéressant. « Les conservateurs, me répondit-il : j'ai vu dans les principales villes de l'Europe de vastes collections de livres, de gravures, de médailles, distribuées avec beaucoup d'ordre, rangées avec beaucoup de soins dans des galeries superbes ouvertes au public; mais ce que je n'ai vu qu'à Paris, ce sont des hommes d'un mérite supérieur, que l'amour des lettres attache à tous ceux qui les cultivent, dont le zèle infatigable accueille avec une bienveillance qui ne se dément jamais, tous ceux qui ont recours à leurs lumières : je ne sais, ajouta-t-il, si l'on trouverait un autre établissement au monde où les Bignon, les Sallier, les Sevin, les Barthélemy aient eu pour successeurs des Capronniers, des van Praat, des Dacier, des Langlès, et dont on puisse dire comme de celui-ci, que les chefs ont constamment hérité des grandes qualités de leurs prédécesseurs. »

N° LXX. — 27 *mars* 1813.

LA MAISON DE PRÊT.

Multis occulto crescit res fœnore.
HOR., Ep. 1, l. 1.

Combien de gens s'enrichissent sourdement par l'usure !

Un homme qui a la réputation de connaître mieux que personne la valeur, et sur-tout l'intérêt de l'argent, m'engageait à faire un article contre les usuriers. Cela me fit souvenir de cet Harpagon de qualité qui alla trouver un prédicateur célèbre pour le prier de faire un sermon contre l'usure. — « Que je me réjouis, mon frère, lui dit l'orateur chrétien, de voir que le ciel a touché votre cœur, et que vous voulez renoncer...... — Il n'est pas question de ça, interrompit le vieux pécheur; si je vous prie de tonner en chaire contre l'usure, c'est qu'il y a dans la ville tant de petites gens qui s'en mêlent, qu'un homme comme moi n'y gagne plus rien, et que si vous pouviez les corriger par vos sermons, je ferais bien mieux mes affaires. » Cet homme-là avait beaucoup trop bonne opinion de ses confrères; ce n'est pas au prône qu'il faut les recommander, c'est aux mœurs et au gouvernement : on ne les corrige pas avec de beaux discours, mais avec de bonnes lois. Dans une grande ville, les moyens de se procurer de l'argent doivent toujours être en proportion des occasions qu'on a d'en dépenser : on n'a pas plutôt vidé sa bourse, qu'il faut songer à la remplir, et l'on trouve toujours des gens tout prêts à vous rendre, à certaines conditions, ce double service. Rien de plus difficile à Paris que de mettre ses besoins (parmi lesquels il faut compter ses plaisirs) en rapport avec ses revenus. Dans la foule de ceux qui ne parviennent jamais à établir cet équilibre, le plus grand nombre, faute d'un crédit ouvert dans quelques maisons de banque, est obligé de recourir à des moyens désavoués par ces négocians intègres, ces capitalistes honnêtes, ces propriétaires exacts qui ne conçoivent pas qu'on puisse prêter ou emprunter de l'argent à un intérêt annuel au-dessus de quatre ou cinq pour cent. D'un autre côté, cependant, comme ces Messieurs, que révolte l'idée d'un emprunt usuraire, ne conçoivent pas non plus que l'on place ses fonds autrement que sur des immeubles en première hypothèque ou sur des effets revêtus de trois bonnes signatures ayant cours à la Banque de France, il a donc bien fallu tolérer pendant long-tems des banquiers moins scrupuleux qui vinssent au secours des jeunes gens de famille un peu dérangés; des provinciaux qui attendent des fonds de chez eux; des plaideurs vivant de l'espoir du gain d'un procès; des joueurs sûrs de réparer leur perte par une chance mieux calculée; de ces collatéraux pressés de manger un héritage dont il est douteux qu'ils héritent; de ces gens qui comptent leurs dettes pour le plus clair de leurs revenus; de ces malheureux de toutes les classes à qui une banqueroute, une maladie, un revers imprévu ne laisse pas le choix des moyens; enfin de tous ceux qui ont de grands désirs, de nombreux besoins et de petites ressources.

Toutes ces différentes espèces d'emprunteurs ont leurs analogues parmi les prêteurs : la plus rare est celle des amis dont la bourse est toujours ouverte, et qui manquent rarement de perdre avec leur argent l'ami qu'ils obligent, trop heureux s'ils n'en font qu'un ingrat. Après cette noble exception, qui n'a rien de commun avec la règle, vient la classe des prêteurs AUTHENTIQUES, dont il n'y a ni bien ni mal à dire ; et finalement celle des usuriers, qui se modifie de mille manières, qui reparaît sous vingt formes, sous vingt acceptions différentes, depuis le *faiseur d'affaires* jusqu'au *prêteur à la petite semaine*. En véritable peintre de mœurs, qui n'applique pas à une époque l'éloge ou le reproche qui appartient à une autre, je dois dire que depuis douze ou quinze ans le fléau de l'usure est prodigieusement diminué. Cet heureux résultat est dû au rétablissement du *Mont-de-Piété*, institution vraiment digne du nom qu'elle reçut du pape Léon X, qui passe pour en être le fondateur. Cette branche de l'administration des hospices, dirigée aujourd'hui avec autant d'économie que de sagesse, n'est pas le moindre bienfait d'un gouvernement paternel dont la sollicitude embrasse tous les besoins du pauvre. On doit à la nouvelle organisation du Mont-de-Piété d'avoir fait disparaître tous ces lombards, toutes ces maisons de prêts non reconnus par l'autorité, et qui ne présentaient aucune garantie. C'est une idée bien morale et bien philantropique que celle d'affecter à l'entretien des hospices les produits d'un établissement dont les bénéfices se prélèvent sur le malheur et sur l'inconduite.

On m'eût embarrassé beaucoup, il y a quinze jours, si l'on m'eût fait sur le Mont-de-Piété des questions auxquelles je suis prêt à répondre aujourd'hui. Voici l'origine de cette instruction de fraîche date. Le père d'un jeune étudiant en droit, dont j'ai déjà deux fois entretenu mes lecteurs, m'envoya dernièrement une *reconnaissance du Mont-de-Piété* (la première que je me rappelle avoir jamais vue), avec prière de retirer une montre dont elle portait le signalement. La lettre de mon vieil ami m'apprenait que cette montre était un bijou de famille, précieux par son ancienneté, et qui, depuis cent cinquante ans, avait passé de gousset en gousset, par filiation d'héritage, d'un arrière-bisaïeul jusqu'à son fils, lequel l'avait *engagée* pour une somme de cent cinquante francs peu de jours avant de quitter Paris.

Je me rendis à l'adresse que portait le bulletin; une lanterne à transparent, sur laquelle on lisait en grosses lettres : *Commissionnaire au Mont-de-Piété*, m'indiqua le bureau où j'avais affaire; l'entrée n'en était pas fastueuse : une allée obscure conduisait à un escalier étroit, où plusieurs personnes qui se coudoyaient en montant ou en descendant, cherchaient à éviter les regards, et paraissaient embarrassées de leur contenance. Je monte lentement; en sorte que j'eus le tems de me demander quelles peuvent être les raisons qui impriment une sorte de honte à l'action, très-innocente en elle-même, d'aller, sur des effets qui nous appartiennent, emprunter un secours commandé par un moment de gêne, et de me répondre que cela tenait à l'espèce d'aveu tacite qu'on semble faire de sa pauvreté par une semblable démarche.

J'entrai dans le bureau, où plusieurs personnes attendaient leur tour; je pris mon parti comme les autres : je m'assis dans un coin, et mes lunettes sur le nez, le menton appuyé sur ma canne, je commençai mon cours d'observations. La première dont je pris note, fut celle d'une différence bien distincte qui partageait en deux classes les gens avec qui je me trouvais. Les uns (c'était le plus petit nombre) avaient l'air riant, parlaient haut, s'impatientaient de la lenteur des commis, et regardaient les autres avec une expression où la pitié empruntait quelque chose du mépris. Ceux-ci, l'air embarrassé, la contenance modeste, attendaient sans murmurer que le buraliste les appelât; ils s'expliquaient à voix basse, signaient leur nom avec inquiétude, et donnaient leur adresse avec précaution. Il ne fallait pas une bien grande pénétration pour deviner que les uns venaient retirer, et les autres engager leurs effets.

Nous étions encore dans les jours gras; l'affluence dans cette maison était considérable, et le buraliste, qui avait pris un commis de plus, pouvait à peine suffire à la foule des emprunteurs. A quelques réflexions qui lui échappèrent, je jugeai que les veilles de fêtes et de tirage de loterie étaient pour lui et pour ses confrères des jours de travail extraordinaire, et que le désir d'avoir de l'argent pour s'amuser était plus commun et plus pressant dans une grande ville, que la nécessité de s'en procurer pour les premiers besoins de la vie.

Je remarquai d'abord une jeune femme-de-chambre qui venait, au nom de sa maîtresse, mettre en gage douze chemises de batiste dont l'extrême finesse donnait moins l'idée d'un tissu, que d'un nuage de lin : l'art des plus habiles lingères s'était épuisé à en rassembler les parties, à en broder les contours. Elle demanda dix louis sur cet objet ; on lui en offrit quatre ; elle se récria sur la modicité de la somme, sur la valeur du nantissement, et voulut en avoir au moins 140 francs, dont sa maîtresse avait, disait-elle, un besoin indispensable pour acheter un *chapeau-casque* que Mlle Despaux ne voulait ni livrer à crédit ni vendre à meilleur marché. Cette raison ne fit pas même sourire le buraliste, et Mlle Marton se vit obligée de détacher de son cou avec un peu d'humeur une chaîne d'or qui compléta l'appoint, et au moyen de laquelle on lui compta la somme *indispensable*.

Après la soubrette, vint une grosse femme qui demanda douze francs sur une couverture de lit; j'étais tout près de m'attendrir sur le sort de cette pauvre créature, que je supposais réduite à dégarnir son propre lit, dans cette saison rigoureuse, pour soulager un mari infirme ou des enfans malades. Poussé par un mouvement d'humanité, j'ouvrais déjà ma bourse avec l'intention de lui offrir la modique somme dont elle paraissait avoir besoin, lorsque je l'entendis faire à une voisine l'aveu de ce qu'elle appelait elle-même sa faiblesse : sa fille était invitée pour le lendemain à un bal masqué superbe, dans la rue des Vieilles-Audriettes; elle avait besoin de douze francs pour louer un habit de caractère : son père ne les lui aurait pas donnés, il fallait bien les emprunter à son insu. Je ne fus peut-être pas aussi touché que j'aurais dû l'être de ce trait d'amour maternel, et je remis ma bourse dans ma poche avec plus de sang-froid que je ne l'en avais tirée.

Comme cette femme sortait, un jeune homme entra précipitamment, et, sans trop s'embarrasser si c'était son tour ou non, déposa sur la table une fort belle montre à répétition, et demanda quinze louis. On les lui compta, et il sortit sans donner son adresse, dont on avait d'autant moins besoin, disait-il, qu'il allait dans la maison de jeu voisine, et qu'il reviendrait dans une heure pour retirer sa montre. Le buraliste parut si peu convaincu de son exactitude, qu'il remit la montre à son commis pour la comprendre dans l'envoi qui devait être fait le lendemain au grand bureau.

Une vieille femme, d'une figure très-respectable, prit la place de cet étourdi, et tira lentement d'un grand sac à ouvrage une croix à la Jeannette en diamans, dont elle parut se séparer avec bien de la peine. Pendant que ce bijou passait aux mains du vérificateur-expert, la bonne dame nous apprit qu'elle avait été ruinée par une banqueroute; qu'après avoir été trente-cinq ans femme de charge chez M. le duc de ...., elle avait placé le fruit de ses économies dans une maison qui passait encore pour très-solide le matin du jour où l'on apprit que le chef était en route pour les Etats-Unis, où il avait réalisé ses capitaux, laissant à Paris un hôtel dont la valeur était plus qu'absorbée par la dot de sa femme, qui ne lui avait apporté que des dettes. Elle avait vendu successivement toutes les pièces de son mobilier ; il ne lui restait plus que cette croix dont sa maîtresse mourante lui avait fait don par testament, et qu'elle venait mettre en gage pour se procurer une entrée à l'*Hospice des Ménages*. Les hommes sont naturellement bons ; les quinze ou vingt personnes qui entendirent l'histoire de cette pauvre femme, lui donnèrent toutes des marques d'intérêt, et le hasard voulut qu'il s'en trouvât quelques-unes en position de lui prêter l'argent dont elle avait besoin, sur un gage dont on exigea qu'elle restât dépositaire.

Mon tour vint ; je présentai ma *reconnaissance* : on m'invita à revenir le lendemain : je demandai la raison d'un délai dont je n'avais pas vu d'autre exemple : on m'apprit qu'il fallait que l'objet réclamé par moi revînt du *grand bureau*, ou que j'allasse le retirer moi-même en prenant la *grande reconnaissance*. C'était une occasion de voir un établissement dont je ne connaissais encore qu'une des succursales ; je remplis les formalités d'usage, et je m'acheminai vers la rue des *Blancs-Manteaux*, où l'administration du Mont-de-Piété a établi son siége et son entrepôt général.

La grandeur du bâtiment, ses vastes dépendances, le mouvement qu'on y remarque, donnent au premier aspect l'idée de l'importance d'un pareil établissement. De grands magasins occupent tout le premier étage, et les nantissemens de toute espèce y sont distribués dans un ordre admirable. Une salle immense, et disposée de manière à éviter le désordre et la confusion, est ouverte à la foule des emprunteurs, qui, leur paquet sous le bras, attendent quelquefois une journée entière le tour du numéro que chacun reçoit en entrant : il n'est pas rare de trouver deux ou trois cents personnes réunies dans cette salle ; elles appartiennent presque toutes à la classe la moins aisée : le grand bureau reçoit rarement de la première main les dentelles, les bijoux, les cachemires, tous ces colifichets du luxe, toutes ces superfluités ruineuses qui ne conservent quelque valeur que dans les quartiers où l'on en fait usage. C'est au moyen des *commissionnaires* que les gens comme il faut communiquent avec le bureau principal, et c'est à la discrétion de ces intermédiaires que le luxe, le désordre et la vanité confient le secret de leurs besoins.

Le numéro qui m'était échu ne me permettant pas d'espérer que je pusse être remis avant la fin du jour en possession de la montre du bisaïeul, j'abandonnai la partie, résolu de revenir de meilleure heure une autre fois. Un commis qui me vit quitter la place, me recommanda de ne pas me donner la peine de repasser samedi, jour où la foule accourt au bureau pour s'y pourvoir de l'argent nécessaire aux plaisirs du dimanche, et d'éviter également le lundi, jour que les mêmes gens consacrent à réparer, par des emprunts, les folles dépenses de la veille. Cette observation, qui m'avait déjà été faite en d'autres termes chez le *commissionnaire*, pourrait devenir la source de réflexions bien graves; mais ceux qu'elles intéresseraient les ont déjà faites, et les autres ne perdraient pas leur tems à les lire.

N° LXXI. — 3 *février* 1813.

HISTOIRE D'UN JOCKEY.

— *In veterem fato revoluta figuram.*
VIRG.

Rendu par le hasard à sa forme première.

Women of the least virtue make the best of prudes.
WARTON.

Les meilleures prudes se font avec les femmes de la vertu la plus suspecte.

AVANT que vous fussiez nés, mes chers lecteurs (du moins pour la plus grande partie), j'allais quelquefois souper chez Mlle Arnould, qui était alors à la fleur de l'âge et du talent. Elle rassemblait deux fois par semaine une société charmante, à qui Dieu fasse paix dans l'autre monde où elle est maintenant à-peu-près réunie; Geliotte était du nombre de ces aimables convives, et je me rappelle qu'il nous parlait souvent d'un acteur qui, dans le cours de sa carrière théâtrale, avait successivement joué dans le même opéra (*les Fêtes de l'Olympe*) le rôle de l'Amour, de Mars, de Jupiter, de Caron et de Saturne. Il en est de même dans plusieurs conditions de la vie civile, où, sans sortir du même état, on change d'emploi à mesure que l'on avance en âge. Tel petit garçon que j'ai vu jockey dans mon enfance, après avoir été successivement palefrenier, laquais et valet-de-chambre, est aujourd'hui portier dans le même hôtel : il a commencé sa vie dans les combles, il la finit dans la loge; jusque-là tout est dans l'ordre. Mais si par hasard il était né sous un pavillon brillant du premier étage, sur un de ces lits antiques, façonnés de la main de Jacob, et que l'on prendrait pour la barque de Cléopâtre, ne pourrait-on pas s'étonner de le trouver dans cette même maison, vêtu de la petite veste bleue à épaulettes rouges, et coiffé de la toque anglaise? Cette surprise est du nombre de celles que j'ai éprouvées dans le cours de ma vie.

Il y a dix ou douze ans qu'à la suite d'une partie de chasse, je fus conduit au château de....

chez une très-jeune dame que personne ne reconnaîtra, et qui peut-être ne se reconnaîtra pas elle-même sous le nom de Merange que je lui donne, et qui n'a rien de commun avec le sien. Il est difficile d'être plus jolie que ne l'était alors, et que ne l'est encore aujourd'hui cette dame. Le charme que la grâce et la beauté répandaient autour d'elle ne permettait guère qu'à un homme de mon âge et de ma profession d'observateur, de s'apercevoir qu'avec beaucoup d'adresse elle manquait absolument d'esprit, et que sous un maintien réservé jusqu'à la pruderie, elle cachait un cœur sec, des goûts très-vifs et une conduite équivoque.

Parmi les domestiques de cette maison opulente, se trouvait un jockey âgé de dix ou onze ans tout au plus, d'une figure plus distinguée que jolie, pour lequel M. de Merange, excellent maître d'ailleurs, montrait une espèce d'antipathie d'autant plus extraordinaire, que ce petit garçon paraissait avoir des qualités au-dessus de sa condition et de son âge. Il était attaché au service personnel d'une vieille dame de compagnie qui l'avait, disait-elle, amené d'Angleterre, et qui en donnait pour toute preuve le nom de James que cet enfant portait. Je ne sais dans quelle intention ou par quelle distraction un matin à déjeûner mes yeux se portèrent alternativement sur Mme de Merange et sur le jockey ; elle surprit mon regard au passage, et je crus m'apercevoir, malgré le soin qu'elle eut de se couvrir un moment la figure avec sa main, qu'une rougeur plus vive se répandait sur son joli visage. La veille j'avais questionné fort innocemment une des femmes-de-chambre sur les parens du petit James ; un souris malin avait été sa réponse : toutes ces remarques élevaient dans mon esprit des soupçons qui s'en effacèrent d'autant plus promptement, que je n'avais aucun intérêt à les vérifier.

Un des jours du mois dernier, en sortant des bains de Tivoli, je vois venir à moi un jeune homme de seize ou dix-sept ans, qui me prie de lui faire trouver une place. J'eus besoin qu'il nommât Mme de Merange pour reconnaître en lui ce petit jockey que j'avais vu huit ans auparavant au château de..... J'étais tout disposé à lui être utile, mais je désirais savoir auparavant par quelles raisons il avait quitté le service de sa première maîtresse, et ce qu'il était devenu depuis ce tems-là : je lui donnai mon adresse, et l'engageai à venir me trouver le lendemain. Il fut exact au rendez-vous que je lui avais assigné. Plusieurs certificats dont il était porteur, et dont il désira que je prisse connaissance, rendaient témoignage de ses bonnes qualités, mais aucun n'expliquait le motif qui l'avait forcé à changer si souvent de condition. Je voulus savoir tout-à-fait à quoi m'en tenir sur son compte; et comme il s'explique en bons termes et très-facilement, j'exigeai qu'il me racontât son histoire : les aventures d'un jockey pouvaient d'ailleurs me fournir quelques-unes de ces observations de mœurs pour lesquelles on est souvent forcé d'avoir recours aux yeux des autres. Je le laisse parler lui-même.

« Quelques semaines après que vous eûtes quitté le château, Mme Dobson (la vieille dame de compagnie dont j'ai parlé) me fit appeler un matin, et me signifia, de la part de Monsieur, qu'il fallait que je cherchasse fortune ailleurs; ce compliment ne m'étonna pas : j'y étais préparé depuis long-tems, et l'aversion que mon maître me témoignait me le rendit moins sensible. Je demandai à voir Madame, je ne pus obtenir cette faveur; mais on me remit de sa part un petit porte-manteau assez bien garni, une bourse de cuir renfermant quinze louis en or, et l'on accompagna le tout d'une défense expresse de me représenter devant les maîtres que je quittais. Je sortis de cette maison, où j'étais entré dès ma première enfance, sans y regretter personne : je ne crois cependant pas avoir un mauvais cœur. J'avais pour toute amie, pour toute connaissance sur la terre, une femme de campagne qui venait me voir deux ou trois fois par an au château, et qui m'appelait par amitié son fils; j'aurais été la joindre, mais j'ignorais sa demeure, et l'on refusa de m'en instruire. Je partis pour Paris; le hasard voulut que je rencontrasse, dans la voiture que j'avais prise, un officier qui me proposa de le suivre en Espagne. Dès le lendemain, j'étais avec lui et sa femme sur la route de Madrid : il la laissa dans cette ville avec un vieux domestique de confiance, et se hâta de rejoindre avec moi l'armée qui s'avançait du côté de Tolède. Sa mauvaise étoile, ou plutôt la mienne, voulut que ce brave homme, qui avait déjà pris pour moi beaucoup d'amitié, fût tué à Val de Pénas. Je revins à Madrid porter cette triste nouvelle à sa femme, qui repartit aussitôt pour la France, et me garda à son service. J'y serais probablement encore, si ma maîtresse, inconsolable, n'eût rencontré à Bordeaux un capitaine de vaisseau américain qui trouva le moyen de lui persuader que les voyages étaient le meilleur remède à la douleur; elle le suivit à New-York; et comme le capitaine s'aperçut que ma présence rappelait sans cesse à l'aimable veuve la perte qu'elle avait faite, il prit le parti de mettre à la voile sans moi.

Je fus assez heureux pour trouver quelques jours après un jeune héritier bordelais qui se rendait à Paris pour y recueillir une riche succession ; il jugea qu'un jockey parisien donnerait un certain relief à son entrée dans la capitale : nous partons. A peine arrivé, mon jeune maître est mis en possession des immeubles héréditaires, qu'il transforma très-promptement en un capital disponible de 230,000 fr., dont, avec le secours de quelques amis et de quelques amies, des restaurateurs, des tailleurs, des maisons de jeu, et des marchands de chevaux, il vit la fin en moins de trois ans. Sa première réforme porta sur son écurie : je jugeai dès-lors que c'était un homme perdu, et je pensai à faire une retraite honorable. Ses chevaux faisaient la plus grande partie de sa considération : on ne le vit pas plutôt à pied, qu'on eut des doutes sur l'état de ses affaires; l'alarme se mit dans le camp des créanciers, et tel qui n'aurait jamais osé l'arrêter en voiture, ne se fit point scrupule de faire exécuter contre un piéton la sentence de prise de corps dont il était porteur.

J'étais passé au service d'un loueur de carrosse avec le cabriolet et le dernier cheval de M. de Flavignac, qui m'avait laissé sa livrée pour le paiement de mes gages; ma petite veste bleu-de-ciel à collet ponceau galonné d'argent, et ma culotte de peau, me donnaient l'air d'un jockey de bonne maison; j'eus beaucoup de succès dans ma nouvelle condition : s'agissait-il d'une partie au Ranelagh, à Mouceaux, au Rincy? c'était toujours le petit James que l'on voulait avoir. Si jamais j'écris mes Mémoires, cette partie n'en sera ni la moins scandaleuse, ni la moins amusante.

Je m'ennuyai néanmoins de cette vie tumultueuse, et je me mis aux gages d'un célèbre agioteur qui montait sa maison sur un plus grand pied. Mes occupations changèrent de nature; mon maître passait sa matinée au café Tortoni, où il traitait les affaires en mangeant des coquilles aux champignons, en spéculant sur la *hausse et la baisse*, et en jouant au billard; depuis deux heures jusqu'à cinq, j'allais, par son ordre, m'établir avec son cabriolet dans la cour du Palais-Royal, pour faire croire qu'il se trouvait régulièrement à la Bourse. La conséquence de cette manière d'opérer fut qu'un beau jour il fit venir une chaise de poste à la porte du café où il tenait son bureau, me chargea de traiter avec ses créanciers, et de les prévenir qu'ils pouvaient s'installer dans son logement, qu'il leur abandonnait tout meublé.

Un des syndics nommés pour recevoir mes comptes, qui ne furent pas longs à rendre, comme vous pouvez croire, s'arrangea du cabriolet, à la prière de sa femme, qui voulut que je fisse partie du marché. Je quittai la petite veste pour endosser la redingote à grand collet, et je ne fis, pendant plusieurs mois, d'autre métier que de conduire Madame, de sa maison, rue Neuve-des-Petits-Champs, à l'École-Militaire, où elle avait un cousin lieutenant de hussards qui avait été blessé, et dont la santé l'intéressait vivement. Son mari, beaucoup moins sensible, trouva mauvais des soins si naturels, et, pour supprimer les visites, n'imagina rien de mieux que de supprimer le cabriolet.

En sortant de cette maison, je suis entré chez un homme qui s'est fait un état auquel on n'a point encore donné de nom, mais qui n'en est pas moins très-utile et très-lucratif. Ce maître (que je voudrais quitter avant de mourir de faim, ce qui ne peut être long à la manière dont il me nourrit) est l'intendant mystérieux, l'avocat consultant de toutes les femmes comme il faut de la capitale qui ont à traiter des affaires secrètes, de quelque nature qu'elles soient. Son cabriolet, derrière lequel je suis, pour ainsi dire, à poste fixe, n'arrête pas deux heures par jour; nous courons sans cesse du faubourg Saint-Germain à la Chaussée-d'Antin, de la Chaussée-d'Antin au faubourg Saint-Honoré; je ne crois pas qu'il y ait de chirurgien-accoucheur dont le réveil soit plus souvent troublé que le nôtre. Tel est, Monsieur, ma condition actuelle, de laquelle je désirerais que vous m'aidassiez à sortir. »

En écoutant ce jeune homme, dont la figure et le son de voix réveillaient d'anciens soupçons dans mon esprit, je me mis en tête de les approfondir ; je pris son adresse, en lui promettant de lui donner bientôt de mes nouvelles. Ma première démarche eut pour but de découvrir la demeure de cette femme de campagne dont James m'avait parlé, et qui venait le voir quelquefois au château de....... J'appris qu'elle demeurait à Brévane ; je m'y rendis, et j'acquis près de cette femme la preuve incontestable que le pauvre James, qu'elle avait nourri, était fils de Mme de Merange, et qu'il avait eu le tort de naître pendant une absence de deux ans que l'époux de sa mère avait faite. Bien muni de tous les renseignemens que la nourrice put me procurer, et dont le plus important fut de m'apprendre le nom du père de James que j'avais connu autrefois, et qui mourut un an après la naissance de cet enfant, je me présentai chez Mme de Merange en l'absence de son mari ; je m'expliquai sur l'objet de ma visite, et je tâchai de la rappeler aux sentimens de la nature en lui faisant entendre qu'il était possible de les concilier avec ses devoirs d'épouse et les soins de sa réputation. Me croyant moins bien instruit, elle voulut d'abord prendre le ton de la vertu outragée; mais lorsque je lui nommai la nourrice et le père de James, en la prévenant que j'avais en main des preuves écrites dont son fils, par mon conseil, s'armerait un jour contre elle, la dame termina cet entretien, plus pénible pour son amour-propre que pour sa sensibilité, en me demandant la permission de m'envoyer un homme de confiance qu'elle autoriserait à terminer *cette affaire désagréable*.

Dès le lendemain, je vis arriver chez moi un homme d'un esprit très-fin, très-délié, qui me parut avoir une grande habitude des affaires de ce genre. « Je ne me mêle d'intrigues galantes, me dit-il, que lorsqu'il s'agit de les dénouer, et, grâce au ciel, je ne traite jamais avec l'amour que lorsqu'il commence à entendre raison. Mme de Merange, continua-t-il, est du petit nombre des femmes qui ont sur cet article les idées les plus arrêtées, et dont les passions altèrent moins le jugement. Elle s'est aperçue de bonne heure qu'une femme, pour être heureuse dans le cours de sa vie, a besoin de considération; qu'on l'obtient plus sûrement par une conduite habile que par une conduite sans reproche, et qu'il n'y a pas la moindre différence entre le mystère et la modestie. » Je jugeai, d'après ces principes, qu'il fallait s'en tenir à traiter le point de fait avec des gens armés d'une pareille morale, et après de longs débats, j'obtins pour mon protégé une pension de 2000 francs en rentes sur l'Etat; il ne s'agissait plus que d'aller chez le notaire en faire passer l'acte, mais il fallait que le jeune homme fût présent; mon domestique était absent; l'agent des dames, dont le cabriolet était dans ma cour, proposa d'envoyer son jockey chercher celui dont nous avions besoin: on l'appelle, il monte; qu'on juge de notre surprise! ce jockey n'était autre que James lui-même, qui ne fut pas moins étonné en apprenant le changement qui venait de s'opérer dans sa situation. Sans connaître la source de sa petite fortune, il s'en montre déjà digne par l'usage qu'il en fait, et par le désir qu'il a de se mettre bientôt à même de se distinguer dans une profession honorable.

Nº LXXII. — 10 *avril* 1813.

LE MARCHÉ AUX FLEURS.

.... *Animum pictura pascit inani.*

VIRG., *Æn.* lib 1, v. 468.

Ils se contentent d'un vain simulacre.

Les femmes ont bien raison d'en faire à leur tête dans le pays où nous vivons, car elles ne savent point et n'ont jamais su auquel entendre. Sensibles aux éternels reproches qu'on leur faisait sur la frivolité de leurs goûts, sous la minorité de Louis XIV, ont-elles voulu prendre un essor plus élevé, se livrer à l'étude des sciences, des lettres ? Molière s'est mis à crier : Aux *Femmes Savantes !* aux *Précieuses*, *à l'hôtel Rambouillet !* Pour éviter ce ridicule, ont-elles essayé de se mêler d'affaires, de transformer leurs boudoirs en cabinet, de se montrer aux audiences des ministres? Leurs soins ont été qualifiés de menées, et les noms d'intrigantes ont retenti de toutes parts. A l'époque où e suis entré dans le monde, les femmes avaient pris un parti mixte qui établissait du moins une sorte de balance entre leurs censeurs et leurs panégyristes. Elles mêlaient ensemble les chiffons et les instrumens de physique; elles fréquentaient le Cours-la-Reine et le jardin du Roi; elles assistaient le matin à une leçon de Le Sage, et le soir à un bal masqué; elles briguaient une place à une séance académique avec le même empressement qu'une loge à une première représentation chez Nicolet. A une époque plus rapprochée de celle où j'écris, c'est aux cours de l'Athénée et du Collége de France que nos dames donnaient leurs rendez-vous. Je les ai vuès se passionner pour la physique expérimentale, et se rassembler chez Mitouard pour y faire des expériences sur les gaz: des savans recommandables se sont empressés de faire des traités de chimie à leur usage: les phénomènes de l'électricité et du magnétisme animal, au moyen desquels ces dames trouvèrent le moyen d'expliquer à leurs maris la cause de leurs vapeurs et de leurs maux de nerfs, attirèrent ensuite leur atttention, et firent place à la passion de la botanique, que J. J. Rousseau eut l'avantage de développer en elles. Un chapitre d'*Emile* mit en vogue *la pervenche;* point de femme qui n'eût sur la cheminée de sa chambre à coucher une plante de cette espèce, dans un vase de Sèvres d'une forme particulière, où se trouvait le portrait du philosophe genevois.

Cette manie fut poussée au point qu'un pépiniériste de Montreuil y trouva la source de cette fortune brillante dont il scandalisa Paris il y a une quarantaine d'années. Puisque l'esprit, comme le cœur des femmes, a besoin d'un goût exclusif, à tout prendre, la manie des plantes et des fleurs est encore celle qui leur convient davantage. La botanique des boudoirs est une science *inoffensive*, et le luxe des fleurs est plus agréable et moins ruineux que celui des bronzes et des porcelaines. J'aime mieux voir sur une cheminée des vases de jacinthes et de roses, dont la vue charme les yeux, dont le parfum satisfait l'odorat, que des urnes d'albâtre sans destination et sans utilité : des *jardi-*

nières décorent mieux un salon que des tables de jeu, et des caisses d'oranger, de laurier et de myrte, rangées sur un balcon, forment un rideau de verdure qui masque plus agréablement qu'une persienne la muraille noire ou l'établi de boucher, que les plus beaux salons ont quelquefois en perspective.

Le goût des fleurs n'appartient plus exclusivement à un sexe, à une classe particulière; c'est maintenant un besoin général; les salons dorés de la Chaussée-d'Antin sont autant de serres où sont rassemblés les plantes, les arbustes du plus grand prix; les boutiques des marchands de la Cité sont décorées de caisses de grenadier et de myrte; l'atelier de l'artisan des faubourgs ne peut se passer de quelques pots de romarin ou de basilic, et la culture des capucines est la plus douce comme la plus importante occupation du petit rentier du Marais. Il ne s'en rapporte qu'à lui seul du soin d'établir sur sa fenêtre le treillage et les fils d'archal courbés en arceaux, autour desquels va grimper et s'étendre d'une manière si pittoresque, la plante dont la verdure embellira sa demeure, et dont les corolles de pourpre nuanceront avec tant d'éclat la salade qu'il ajoute tous les dimanches au dîner de famille.

Chez les Français, il est assez rare qu'un goût qui se prolonge ne devienne pas une folie : c'en est une que cet engouement pour les plantes étrangères, dont il serait à souhaiter que le ridicule pût faire justice. Il n'est pas de petit propriétaire de la plus petite maison de campagne qui ne veuille avoir sa serre, sa collection d'*exotiques*, et qui ne dispose, à cet effet, une salle basse, échauffée par le tuyau du poile de la salle à manger, pour y rassembler à grands frais quelques végétaux qu'il n'élevera pas, et dont il a bien de la peine à retenir les noms. Son bassin, de dix pieds de diamètre, est rempli de joncs, qu'il appelle ses plantes *aquatiques*; deux plates-bandes sont réservées pour les *liliacées*; une allée au nord, dont une muraille forme un des côtés, renferme les *hépatiques*, et pour compléter la caricature, des étiquettes de fer-blanc, fichées en terre, indiquent dans le potager la ciboule et le persil, sous les noms de *cepa fissils* et de *petroselinum*.

Cette fureur de botanique a multiplié dans les faubourgs de Paris ces jardins-pépinières, où d'habiles cultivateurs rassemblent et élèvent dans vingt arpens de terrain, les arbustes et les plantes de tous les climats. Ces vastes magasins de végétaux alimentent le Marché aux Fleurs.

Ce marché, le moins utile et le plus agréable de tous, jouit seul, à ce double titre, du privilége d'être fréquenté par la classe opulente. Toutes les femmes, sans en excepter celles du plus haut rang, viennent elles-mêmes y faire leurs emplettes. Cette foire végétale se tenait autrefois sur le quai de la Ferraille, où le bon ordre ne gémissait pas moins que le bon goût de voir étalés ensemble des vieilles ferrures et des vases de fleurs, et de rencontrer des recruteurs où l'on venait chercher des bouquetières. Au nombre des améliorations, des embellissemens de toute espèce qui se sont opérés depuis douze ans, le Marché aux Fleurs n'a point été oublié. Le prolongement du quai de l'Horloge a été pendant long-tems borné par un amas de maisons dont la plus moderne remontait peut-être au 12e siècle. Ces ignobles bicoques et celles du pont Saint-Michel étaient les seuls restes de barbarie que l'on remarquait encore dans cette capitale, qui fait l'admiration de l'Europe par la splendeur de ses édifices ; quelques mois ont suffi pour les faire disparaître. Ces masures ont fait place à un quai superbe, couronné par le nom d'un héros ; c'est là, sur le quai Desaix, au milieu d'une place spacieuse, bordée d'arbres et décorée de deux fontaines, qu'est maintenant établi le Marché aux Fleurs, dont on aurait une idée très-imparfaite, si on le visitait un autre jour que le samedi. De grand matin, les charrettes des pépiniéristes y arrivent à la file, et s'acheminent vers la partie méridionale du Pont-au-Change : ils y déposent ces vases remplis de terre de bruyère et de chaux où les végétaux les plus frêles retrouvent une apparence de vigueur très-propre à séduire l'acheteur, qui ne sait pas qu'avant huit jours, la plante qu'il admire, épuisée par un accroissement hâtif, se desséchera sur sa tige. Là, comme par-tout ailleurs, il y a des rangs et des distinctions qui ne sont pas toujours en raison de l'utilité et du mérite : les fleurs nobles, séparées des fleurs roturières, figurent sur des étalages à part, et ne s'y font guère remarquer que par leur nom scientifique inscrit sur le vase qui les renferme.

Chaque année ôte à une fleur la vogue qu'elle donne à une autre. Toutes ont alternativement le sort de *l'hortensia*, réduite aujourd'hui, après avoir fait les délices des boudoirs et des salons, à parer les comptoirs du charcutier ou la fenêtre de la lingère. La disgrâce du superbe *Datura Arborèa* n'est pas moins éclatante : nous l'avons vu, pendant quelque tems, décorer les péristiles des palais, les vestibules et des escaliers des hôtels ; exilé de ces lieux par la mode, et privé par ses qualités même de l'asile qu'avec une taille moins haute et un parfum moins fort, il aurait pu trouver dans les maisons bourgeoises, il se voit condamné à végéter au fond de l'orangerie ou dans un coin de la cour : il y aurait une morale à tirer de cette observation.

La première partie de la matinée est consacrée à la vente des fleurs communes ; les hottes des commissionnaires ne sont remplies que de lilas, de rosiers, de pots de réséda et de giroflée qui vont remplacer, sur la cheminée et sur les consoles des bourgeois de Paris, les carafes de verre bleu où s'élevaient, à force d'eau et de tems, quelques tiges de narcisses ou de jacinthes, aussi chétives de formes que de couleurs.

C'est à midi que le Marché aux Fleurs brille de tout son éclat; qu'on y voit arriver les femmes les plus élégantes dans un négligé charmant, où la recherche se cache sous la simplicité. Un chapeau de paille d'Italie, orné d'un bouquet de violette, une robe de perkale à guimpe, des brodequins de prunelle de couleur feuille morte, un cachemire jaune ou bleu jeté sur le bras gauche, telle est l'espèce d'uniforme que les femmes comme il faut paraissent avoir adopté dans leur course au Marché aux Fleurs. A midi, les chevaux sont mis à la calèche; le cocher et le laquais, en simple redingote, donnent à l'équipage un air de négligé que le bon ton commande. Madame monte en voiture, accompagnée de son amie la plus intime : on traverse Paris en admirant les travaux du Louvre, des quais, de l'obélisque du Pont-Neuf, et en s'étonnant de ne pas connaître un quartier que l'on parcourt de nuit une ou deux fois par semaine en allant aux Bouffons. La voiture s'arrête à l'extrémité du Pont-au-Change, où elle stationne à la file de celles qui s'y trouvent déjà; on entre dans le Marché, et la première personne que l'on y rencontre, avec l'apparence d'une extrême surprise, est presque toujours celle qu'on aurait été bien plus surpris de n'y pas rencontrer.

Je vais d'étalage en étalage, et je cherche, en observant les personnes et les fleurs qu'elles achètent, à deviner l'usage que l'on veut en faire. Ici, une très-jeune et très-jolie personne, conduite par sa gouvernante, marchande deux petits orangers; elle mesure avec un ruban la largeur de la caisse : je parierais qu'il s'agit de la fête d'un grand-papa, et qu'on veut s'assurer si les caisses ne sont pas trop grandes pour la fenêtre de la chambre où on veut les placer.

Là, c'est une dame qui achète un énorme laurier-rose, dont elle fait garnir le pied avec des immortelles : il m'est démontré que ce cadeau est destiné à quelque poète dramatique, qui ne manquera pas d'y voir un triple emblême de son immortalité, de sa gloire et de son amour.

Plus loin, je remarque un petit homme pâle, sec et maigre, dont le corps est porté sur les deux jambes les plus grêles dont un mortel ait jamais été dépourvu; il a dépeuplé le Marché des plus belles fleurs; pour savoir à qui il les destine, je n'ai pas besoin d'écouter l'adresse qu'il donne aux trois commissionnaires chargés de ces trésors du printems; mais j'ai bien envie de lui rappeler que s'il est des fleurs de toutes les saisons, il est des folies qui ne sont pas de tous les âges.

Je ris encore de la surprise d'un bon bourgeois qui marchandait un rosier blanc qu'il voulait, disait-il, donner à sa femme pour sa fête, et dont on lui demandait dix-huit francs : il se récriait sur le prix. « Et celui-là, dit-il en indiquant du doigt une autre plante ? — Deux mille six cents livres, lui répond le fleuriste. » Le bourgeois, qui croit qu'on se moque de lui, se fâche, et traite le marchand d'insolent; celui-ci riposte en l'appelant imbécille; la querelle s'échauffait, et je ne sais pas comment elle eût fini, si je ne me fusse trouvé là pour expliquer à cet honnête Parisien que ce qu'il prenait pour des roses blanches, était un *Kamelia Japonica* à fleurs doubles, dont l'espèce a produit un individu qui s'est vendu quatre mille guinées en Angleterre, il y a deux ans. Pour achever de le convaincre, une dame que je crus reconnaître à son port de reine, à ses gestes et à sa voix, acheta le précieux végétal au prix que le jardinier y avait mis, et le fit porter en triomphe dans sa voiture, par un laquais qui se faisait jour avec peine au milieu de la foule empressée d'admirer une plante aussi chère.

Avant de quitter le Marché aux Fleurs, je voulus y compléter une collection d'oignons de tulipes, dont je m'occupe par commission : mais le pépiniériste auquel je m'adressai me renvoya au célèbre Tripet, à ce prince des liliacées, dont le jardin, dans la grande allée de Chaillot, est en ce moment le rendez-vous de tous les vrais amateurs, qui peuvent s'y pourvoir de 3737 espèces d'oignons et de caïeux de toutes espèces.

N° LXXIII. — 17 *avril* 1813.

LE CAFÉ TOUCHARD,

OU

LES COMÉDIENS DE PROVINCE.

Like wand'ring Arabs, shift from place to place.
The strolling tribe . . . . . .

CHURCHILL, *the Apology.*

Cette tribu errante, semblable à celles des Arabes vagabonds, va sans cesse courant de place en place.

Les mœurs des comédiens ambulans ont un caractère d'originalité qui m'a toujours paru digne d'une étude particulière. Leurs habitudes, leurs goûts, leur genre de vie, leur langage (car ils en ont un qui leur est propre) en font une classe à part qui ne ressemble à rien de ce que nous voyons dans la société. C'est à l'espèce d'isolement où les retient un préjugé plus absurde dans son principe qu'injuste dans ses conséquences, qu'ils sont redevables de cette physionomie particulière qui les distingue. Ce préjugé, que d'honorables exceptions ont fait en grande partie disparaître dans la capitale, existe en province dans toute sa force, et c'est là qu'il faut chercher les originaux des portraits des *Ragotin* et des *la Rancune*, tracés par Scarron d'une manière si vraie et si comique dans le seul de ses ouvrages qui jouisse encore de quelque estime parmi les honnêtes gens. Ceux qui veulent se faire une idée des usages, des règlemens de cette corporation dramatique et des membres qui la composent, doivent se rendre au café *Touchard* pendant la quinzaine de Pâques. J'entends d'ici presque tous mes lecteurs de province et même de Paris qui me demandent à-la-fois : « Qu'est-ce que c'est que le café Touchard ? Où se trouve le café Touchard ? » — Ce café, situé autrefois et de tems immémorial, rue des Boucheries, a changé depuis peu de maître, de nom et de quartier, sans changer de destination; c'est maintenant rue de l'Arbre-Sec, tout près de la fontaine, que Thalie, ou plutôt Thespis a établi le dépôt central des comédiens de province qui n'ont point assez de talent ou de bonheur pour trouver des engagemens à domicile ; de ceux qu'un public brutal dispense d'achever l'engagement commencé, de ceux que leurs dettes obligent de quitter une ville où ils n'ont plus que leurs créanciers pour spectateurs ; de ceux enfin que l'espoir d'un début amène à Paris. Tous les genres, tous les emplois viennent se produire au café Touchard : les directeurs de troupe se rendent, de leur côté, dans ce bazar comique où les talens se mettent à l'enchère et sont pris au rabais. La fortune, en ce lieu, s'amuse à parodier ses propres caprices. Celui-ci, *valet* l'année dernière à Bordeaux, va débuter dans les *financiers* à La Rochelle ; l'*ingénue* du théâtre de Lille passe à l'emploi des *grandes coquettes* sur celui de Strasbourg : c'est une loterie de rangs comme dans la société, avec cette différence pourtant que les bonnes chances y sont assez généralement pour le mérite.

A moins d'avoir assisté à cette assemblée burlesque, on ne saurait s'en faire une idée. Depuis fort long-tems je suis dans l'usage d'aller, pendant la quinzaine où nous entrons, passer chaque jour une heure au café Touchard. Cette habitude m'a mis dans une sorte de relation avec tout ce que la province a d'artistes déclamant, chantant et gesticulant. Grâce ensuite à une réputation de générosité, faite et entretenue au prix modique de quelques verres de liqueur et de quelques écus que je ne redemande jamais, parce que je sais qu'on me les emprunte pour toujours, je me mets au courant de toutes les anecdotes de coulisses, de toutes les aventures comiques, tragiques et burlesques qui ont eu lieu pendant l'année théâtrale; aussi, depuis le *premier rôle* jusqu'au *dernier caractère*, depuis *la grande coquette* jusqu'à la plus petite *utilité*, je ne pense pas qu'il y ait en province un seul comédien dont je ne connaisse directement ou indirectement l'histoire, les talens, les succès, les revers, et, ce qu'on aura plus de peine à croire, la filiation. Je n'avais garde d'oublier cette année de me rendre à mon poste : je m'y suis installé mercredi, et déjà j'ai revu quelques-unes de mes vieilles connaissances : deux ou trois directeurs venaient de faire l'ouverture de cette bourse de nouvelle espèce. L'un se disputait avec un tyran pour cinquante écus; celui-ci voulait obliger *Orosmane* à jouer *Ma-*

thieu Crochet dans la petite pièce ; cet autre, pour savoir par lui-même à quoi s'en tenir, écoutait un *Colin* qui détonnait une ariette de Monsigny ; là, c'était une basse-taille qui s'essayait à donner le *fa* en buvant une bouteille de vin de Surène ; ici, une duègne qui partageait avec son épagneul son petit pain et sa tasse de café au lait ; plus loin, *une grande utilité* qui inscrivait sur une feuille de papier les noms des quatre cent soixante rôles qu'elle était prête à jouer : l'un stipulait une représentation à bénéfice, l'autre un congé de six semaines ; tous demandaient des avances.

Le premier qui m'ait reconnu est un nommé Dorival, doyen des *jeunes premiers* de tous les théâtres de France. Depuis trente-six ans il est en possession de cet emploi, qu'il joue sans partage : son triomphe est le *Saint-Albin* du *Père de Famille ;* et comme il se croit toujours de l'âge du personnage qu'il représente, il n'y a point de raison pour qu'il se décide jamais à prendre les *pères nobles*. Cependant, à mesure que son talent se forme et que les années arrivent (je lui en connais pour le moins soixante-deux), son crédit, parmi les directeurs, diminue sensiblement; il ne change point d'emploi, mais il change de ville : il a fait dans sa jeunesse les délices de Lyon, de Bordeaux, de Nantes et de Marseille; il s'est fait applaudir vingt ans après à Orléans, à Tours, à La Rochelle; il arrive en ce moment d'Angoulême, et va s'engager pour le théâtre d'Evreux. A tout ce que j'ai pu lui dire pour lui prouver que sa vanité faisait un mauvais calcul, il s'est contenté de me répondre par le mot de César : qu'il valait mieux être le premier dans un village que le second dans Rome.

« Je ne suis pas de cet avis (interrompit un gros garçon qui vint s'asseoir familièrement à notre table), il faut quelquefois savoir déroger pour vivre. » Celui qui nous parlait était un homme d'une cinquantaine d'années, dont l'accoutrement attira d'abord mon attention : il était vêtu d'un mauvais habit de velours noir, recouvert d'une espèce de doliman de bouracan, bordé de petit-gris, dont il se servait dans les rôles turcs, et qui lui tenait lieu de vitschoura pendant l'hiver. Il avait sur la tête une toque polonaise, et pour chaussure des bottes en cuir jaune, lacées par derrière. « Vous voyez (ajouta-t-il, en jetant un coup-d'œil d'amateur sur le bol de punch que j'avais fait apporter), vous voyez, Messieurs, le meilleur et le plus pauvre *financier*, la plus belle et la plus triste *basse-taille* qui soient au monde : vous me regardez; vous cherchez où vous m'avez vu? Par-tout : à Bruxelles, par exemple, où l'on parle encore après dix ans de la manière dont je jouais le *Sylvain*. Cailleau vous dira que, lorsque je me suis gargarisé le larynx avec une bouteille de vin de Bourgogne, personne ne chante comme moi : *Dans le sein d'un père*......... » Il entonnait ce morceau de toute la force de ses poumons d'airain, lorsqu'un petit homme, en perruque à la Préville, après l'avoir examiné attentivement quelque tems, profita d'un point d'orgue pour lui redemander soixante-douze francs d'avance reçus par lui Floridor, trois ans auparavant, pour un engagement au Havre, qu'il avait jugé à propos d'aller remplir à Perpignan. L'explication, qui commença d'une manière assez plaisante, menaçait de finir d'autant plus chaudement, que le bol de punch touchait à sa fin, et que le Floridor en avait bu la plus grande partie; mais j'apaisai le différent, et je parvins à tout concilier en proposant au directeur, comme un moyen de recouvrer ses trois louis, d'engager son débiteur dans la troupe qu'il formait. Pendant qu'ils rédigaient sur le bout de la table les conditions de ce nouveau contrat, une voix glapissante fixa l'attention de l'assemblée sur une veste de brocard qu'un *père noble*, dans le malheur, mettait à l'enchère pour payer son loyer, et que l'on faisait passer de table en table. La veste fut suivie de l'habit de livrée d'un *premier comique* qui changeait d'emploi, et successivement de différentes pièces de la garde-robe de Thalie et de Melpomène, dont les directeurs meublaient à peu de frais leurs magasins, en spéculant sur la pauvreté et sur l'inconduite de leurs pensionnaires.

L'encan fut interrompu par la dispute la plus singulière dont j'aie jamais été témoin. Le *tyran* d'une troupe d'acteurs de mélodrame venait de retrouver là sa femme qui l'avait quitté depuis cinq ans, en lui laissant des enfans et des dettes. La dame, qui jouait *les grandes princesses*, avait abandonné *le tyran* à Châteaudun pour suivre la fortune d'un *Colin* qui l'avait cédée à un *financier*, qui se l'était laissé enlever par un *second comique* qui s'en était arrangé avec un *La Ruette*, qui l'avait remise aux mains d'un *grime*, que le mari voulait forcer à accepter les enfans et les dettes, tandis que celui-là prétendait, au contraire, que le *tyran* devait reprendre sa femme, laquelle ne voulait retourner avec son mari qu'à condition qu'il adopterait deux *jeunes princes* dont elle avait augmenté sa famille pendant leur séparation. La contestation se compliqua de tant de circonstances, de tant d'incidens divers, qu'il me fut impossible d'en suivre le fil et d'en présumer l'issue.

A la table auprès de la mienne, se trouvait une *Dugazon-Corset* de quarante-cinq ans pour le moins, qui cherchait à prouver à un directeur qu'on lui offrait un ordre de début à Feydeau, sur la réputation qu'elle s'était acquise à Poitiers, dans l'opéra-comique, où elle n'avait débuté que depuis cinq ans. A côté de cette virtuose était une *ingénuité* d'un embonpoint visiblement accidentel, dont elle fixait le terme à un mois, par une clause expresse de son engagement.

Un *premier rôle* de tragédie, drapé dans son manteau de la manière la plus pittoresque, discutait, avec son directeur, sur une demi-représentation qu'il voulait ajouter à son traitement; son accent gascon et les lambeaux d'alexandrins dont il ornait ses discours, leur donnaient une grâce tout-à-fait originale.

« Ce directeur, me dit M. Dorival (en parlant de l'homme avec lequel s'entretenait le tragédien de Carcassone), est un novice qui n'entend rien à son affaire : avant la fin de la quinzaine, il aura dépensé ici cent écus en rafraîchissemens pour se composer une troupe du rebut de toutes les autres. Il n'en est pas ainsi du vieux Berville, que vous voyez tout seul à cette table vis-à-vis de nous; il a été quarante ans comédien : il connaît tous les secrets, c'est-à-dire, toutes les ruses du métier : aussi trouve-t-il toujours le moyen d'avoir les meilleurs sujets au meilleur marché possible. La plus sévère discipline règne dans sa troupe, qu'il commande avec fermeté; chacun des comédiens qui la composent joue, au besoin, tous les genres et tous les emplois. Avec lui point de *doubles*, point de *remplaçans*, point de *chefs d'emploi* en titre d'office; Berville ne connaît que les plaisirs du public et l'intérêt de son administration. Tous les engagemens qu'il passe sont autant de brevets de santé qui mettent les contractans à l'abri des migraines et des vapeurs dont l'atmosphère des théâtres est communément chargée. Il résulte de là que le public est satisfait, que la caisse se remplit, que les acteurs sont régulièrement payés, et que l'entreprise enrichit son directeur. »

Après une petite digression sur la tactique théâtrale, Dorival me proposa de passer dans la *chambre des essais*. C'est un arrière-salon, dans le fond du café, où les comédiens dont la réputation n'est pas suffisamment établie donnent aux directeurs ou à leurs préposés un échantillon de leur talent. Je ne crois pas qu'on puisse rien imaginer de plus extravagant que ce tableau : la variété des figures et des attitudes, le contraste du costume et du langage, la cacophonie des voix, dont les unes chantent tandis que les autres récitent ou déclament, le sang-froid de ceux qui écoutent cet épouvantable charivari, tout porte à croire qu'on est dans une de ces maisons de fous où l'on s'est imaginé de faire jouer la comédie à des insensés pour les guérir. L'un débite une tirade de

Mithridate, l'autre une scène de *Cadet Roussel*; le monologue du *Métromane* est interrompu par la polonaise du *Calife*; *Camille* adresse ses imprécations à *Jocrisse* au désespoir, et l'ariette de *la Fausse Magie* est accompagnée par les castagnettes d'un danseur qui répète un *bolero*.

C'est dans cette salle que les adresses se donnent, que les avances se font, et que les engagemens se signent. Le comédien engagé rentre dans le café en triomphateur, et regarde en pitié ceux de ses camarades qui sollicitent encore ce qu'il vient d'obtenir, sans songer qu'il lui reste à subir la plus rude des épreuves, celle de plaire au public devant lequel il doit paraître.

J'ai lu quelque part qu'un père, dans le dessein de corriger son fils d'un penchant dangereux, le conduisait dans les hôpitaux pour lui faire observer les suites des désordres auxquels il était enclin : peut-être, pour guérir tant de jeunes gens de cette frénésie du théâtre qui les possède, suffirait-il de les conduire de tems en tems au café *Touchard*.

Nº LXXIV. — 24 *avril* 1813.

VENTE APRÈS DÉCÈS.

Nunc auctionem facere decretum est mihi ;
Foras necessum est quicquid habeo vendere.
Adeste sultis ; præda erit presentium.

PLAUTE.

Je suis obligé de faire une vente publique et de mettre mon mobilier à l'encan ; acheteurs, accourez, il y aura de bons marchés à faire.

« Et vîte, et vîte, habillez-vous ! nous n'arriverons pas à tems. » C'est avec cette brusquerie, en ouvrant et fermant les portes avec fracas, que mon voisin Dubreuil entra, lundi matin, dans ma chambre. Je le regardais d'un air surpris, et je ne devinais pas ce qu'il me voulait ; le mot de *vente* qu'il prononça me mit aussitôt sur la voie. Je me rappelai la petite discussion que nous avions eue dernièrement ensemble, et l'engagement qui s'en suivit.

M. Dubreuil, il est bon d'en prévenir, est un homme dont la connaissance dispense ceux qui le voient habituellement d'acheter l'*Almanach Impérial* et de s'abonner aux *Petites-Affiches* : point de gens en place, point de commerçans, de gens de loi, de gens de lettres, d'artistes, d'artisans même un peu connus dont il ne sache l'adresse. Il n'y a pas dans Paris et dans la banlieue une maison à louer, un cheval à vendre, un domestique à placer, qu'il n'en soit instruit; et, ce qu'il y a de plus extraordinaire, c'est qu'il ne fait aucun usage, pour son propre compte, des trésors dont il meuble sa mémoire; c'est par goût, en qualité d'amateur qu'il se livre à ces intéressantes études, où son esprit et son cœur trouvent également leur profit. Tout en mangeant des gaufres et en buvant du *porter* il y a quelques jours au Palais-Royal, nous causions de plusieurs usages que les gens du monde ne connaissent guère que de nom, et desquels il serait pourtant bon qu'ils eussent une idée plus positive. « Vous qui parlez, me dit-il, savez-vous ce que signifie ce morceau de serge verte que vous avez souvent dû remarquer à la porte de quelques maisons? » Je fus obligé de convenir que j'ignorais ce que pouvait indiquer cette enseigne. « Je vous apprends donc (continua-t-il avec un air de supériorité dont mon amour-propre eut un peu à souffrir), que ce morceau de serge annonce une *Vente après décès* dans la maison à la porte de laquelle il est placé ; » et mon homme partit de là pour m'apprendre qu'il suivait toutes les ventes un peu considérables qui se faisaient dans la capitale, sans autre intérêt que de jouir du spectacle très-curieux que présentent ces assemblées. Ce qu'il m'en raconta me donna l'envie d'en faire le sujet d'un examen particulier, et nous convînmes qu'il viendrait me prendre à la première occasion : elle se présentait ; mon voisin Dubreuil, qui n'était pas homme à la perdre, désirait que j'en profitasse : tel était l'objet de sa visite matinale.

La vente à laquelle nous allions assister était celle d'un M. Hornet, qui avait trouvé, sans être procureur, le secret de faire fortune en barbouillant du papier à tant la ligne. Longtems avant sa mort on avait été informé par les papiers publics, que la maison de ce vieux bachelier était remplie des meubles les plus chers, des bijoux les plus rares, des effets les plus précieux : aussi tous les amateurs s'étaient-ils rendus à l'invitation qui leur avait été faite par les Petites-Affiches. Cette vente après décès était une espèce de fête publique.

Nous nous acheminâmes vers la rue des Quatre-Vents, et l'étendard de serge nous indiqua la maison. On aurait pu croire qu'elle était prise d'assaut par tous les brocanteurs, les courtiers, les revendeurs et revendeuses de Paris que nous y trouvâmes rassemblés dans la cour, complotant, à voix basse, les moyens de se procurer les objets au meilleur marché possible, et de les faire payer deux fois leur valeur à tout étranger assez mal-adroit pour enchérir lui-même. Dubreuil fut accueilli par eux comme une vieille connaissance ; quelques-uns le consultèrent sur les opérations qu'ils méditaient, et je vis que son influence s'étendait jusque sur les huissiers-priseurs, qui venaient prendre son avis pour *la mise sur table* et pour les *estimations*.

Au premier étage, les domestiques affairés parcouraient les appartemens, dont ils amoncelaient les meubles dans les pièces destinées à servir d'entrepôt à la vente. La salle à manger était disposée pour les enchères, et la table sans nappe, veuve de son fidèle propriétaire, était recouverte, en signe de deuil, d'un vieux tapis taché d'encre. Avocats, procureurs, notaires, huissiers-priseurs, audienciers, exploitans et instrumentans, chacun sa liasse de papiers sous le bras, collationnaient des inventaires et réglaient des mémoires de frais et de vacations, lesquels devaient être acquittés sur les premiers fonds provenant de la vente.

Les héritiers, en habit noir, surveillaient tout avec une distraction attentive, avec une tristesse à travers laquelle la gaîté perçait en dépit des efforts qu'ils faisaient pour la contenir.

Les *vacations* avaient été disposées de manière à mettre aux criées, dans un même jour, une partie des objets de différens genres dont se composait la vente générale; aussi trouvait-on là des brocanteurs qui convoitaient quelques copies de bons maîtres qu'ils se proposaient de revendre comme des originaux; des bouquinistes qui venaient acheter par lots une bibliothèque composée d'ouvrages que l'on disait chargés de notes curieuses; des fripiers de la cour du Dragon qui se partageaient déjà les vieux meubles, et les courtiers des *prix-fixes* qui avaient commission pour l'achat du linge.

Nous nous amusâmes quelques momens du spectacle que présentaient les salles d'exposition : les uns décrochant les tableaux qu'ils examinaient après avoir passé dessus leurs doigts mouillés; les autres déployant les serviettes, les draps, les chemises, pour en constater l'état au grand jour; ceux-ci ouvrant et refermant les armoires, les secrétaires, les commodes, faisant jouer les serrures et prenant note de leurs observations; les libraires, le catalogue à la main, bouleversant la bibliothèque et *croisant* les articles qui leur sont demandés par commission.

Mais déjà les plus pressés sont assis autour de la table; l'heure sonne, et l'huissier-priseur va prendre gravement place entre son greffier et le crieur public. Les trois coups sont frappés; l'inventaire est ouvert et les criées commencent.

Le premier article mis sur la table composait une collection de soixante-quatre tabatières de différentes matières et de différentes formes; je n'y voyais que la preuve d'une manie particulière au défunt; le voisin Dubreuil y découvrit une intention plus profonde : il voulut me prouver que cette série de boîtes offrait, comme les marbres d'Arundel, une suite d'événemens historiques; que chacune appartenait à une époque signalée par le nom qu'avait porté la tabatière correspondante, comme l'attestent les *Turgotines*, les *Platitudes*, les *Necker*, les *Fédérations*; ce qui lui fournit l'occasion de m'exposer sérieusement un système passablement bouffon sur l'histoire des mœurs expliquée par les tabatières. Pendant qu'il dissertait, la savante collection avait été adjugée en bloc à un homme de lettres connu, qui s'est fait un médaillier de cette nature de toutes les boîtes qu'il a reçues en présens dans le cours de sa vie.

On mit ensuite en vente une centaine de petits ballots contenant des pains de sucre et du café moka, sur chacun desquels on lisait le nom de quelque héros ou de quelque héroïne de tragédie ou de comédie. Je n'ai jamais pu m'expliquer cet hiéroglyphe.

L'argenterie vint après : chacun fit la remarque

qu'elle se composait d'une grande quantité de pièces différentes, qui n'avaient entr'elles aucun rapport, et ne paraissaient pas avoir été destinées à figurer sur une même table. Le talent de vingt orfèvres se faisait remarquer dans l'exécution de ce service hétérogène, dont la pièce la plus remarquable était une soupière d'une forme et d'un goût exquis, pesant dix-huit marcs; son couvercle était surmonté d'un oiseau de paradis de la queue duquel on avait arraché une plume. Parmi les morceaux les plus précieux, on remarquait encore une énorme cafetière de vermeil en forme d'urne, dont les anses s'attachaient à des mascarons figurant des masques antiques, et deux corbeilles en argent où des thyrses, des caducées, des flèches et de petites branches de bouleau s'enlaçaient d'une façon très-ingénieuse. Une autre observation que j'ai faite, et que j'abandonne à la sagacité de mes lecteurs, c'est que chacune des pièces d'argenterie de cette vaisselle plate était marquée d'un chiffre différent, où la même lettre était alternativement combinée avec toutes celles de l'alphabet.

A douze cents francs la pendule! Cette première mise à prix attira mon attention : il s'agissait d'une pendule superbe, qui représentait Apollon éclairant le monde ; la figure du dieu avait quelque chose de grotesque, et son char ne ressemblait pas mal à un tombereau ; des bas-reliefs en décoraient le socle : on voyait d'un côté Midas prononçant ses arrêts au milieu des Muses, qui rient de ses oreilles d'âne ; de l'autre, Cerbère hurlant d'une de ses trois gueules, tandis que la sybile remplit de gâteaux les deux autres. On avait eu l'intention de graver au-dessous du cadran le portrait d'Aristarque ; mais un savant numismate de mes amis prétend y avoir reconnu celui de Zoïle. Cette pendule a été achetée pour le compte et au nom de M. ***.

On attendait avec impatience les provisions de la cave ; celle du défunt passait pour une des meilleures de Paris : on y comptait soixante-quinze espèces de vins de première qualité, tous en bouteilles, et dans des paniers, sur chacun desquels on lisait ces mots : *De la part de monsieur M.... de madame.... de mademoiselle....* Je ne divulguerai point les noms : c'est le secret...... de la comédie. Les vins d'une cave de gourmand sont comme les livres d'une bibliothèque d'amateur ; on ne croit jamais les payer assez cher : la cave entière fut adjugée en un instant.

La bibliothèque eut moins de succès : une immense collection d'anciens journaux fut d'abord annoncée par échantillon : on en retira une douzaine d'années du *Mercure*, deux volumes des *Annales de Linguet*, et un épicier s'accommoda du reste, ainsi que de l'édition complète et en feuilles d'un *Commentaire sur Euripide*, écrit en style de parade ; le tout pesant environ quatre quintaux, qu'on lui livra sur le pied de cinq sous la livre. On avait beaucoup parlé, dans la séance, d'un très-bel exemplaire de *Voltaire*, édition de Beaumarchais, grand papier vélin, reliûre en maroquin rouge, doré sur tranche, figures avant la lettre ; vingt personnes se le disputaient avant de l'avoir vu : on l'apporte, chacun en prend un volume pour le parcourir ; mais les feuillets en sont maculés, les marges salies de renvois, de notes inintelligibles ; on l'adjugea pour cent francs à un bouquiniste très-habile dans l'art de nettoyer des livres.

La vente des meubles donna lieu à de nouvelles observations : les premiers que l'on mit aux enchères étaient remarquables par la richesse, l'élégance et la nouveauté ; l'art des Adam et des Lignereux s'y faisait par-tout reconnaître. Les lits en nacelle, revêtus de bronze antique, les chiffonniers égyptiens, les athéniennes, les lampes de Thomire, les lustres de Ravrio, les tentures de Lyon, appelaient tour-à-tour l'admiration des assistans ; mais ce qui les étonna davantage, ce fut de voir paraître un ameublement d'une toute autre espèce, dont la fabrication ne pouvait pas remonter à moins d'un demi-siècle : les armoires, les commodes, les secrétaires de bois de noyer noircis par le tems, contrastaient trop visiblement avec le mobilier moderne, pour ne pas attester qu'un changement subit de fortune avait produit dans cette maison une brillante métamorphose. Une dernière circonstance vient à l'appui de cette supposition.

Pour terminer la séance, après avoir vendu la plus belle partie d'une immense garde-robe, riche principalement en redingotes de toute espèce, polonaises, anglaises, douillettes, houppelandes, roupes, pardessus, pelisses et vitchouras, on mit sur la table une cassette de bois blanc, renfermant une grande robe noire, un rabat et un bonnet carré; quelques personnes se pressèrent d'en conclure que cette défroque était celle d'un procureur; mais un exemplaire enfumé d'une tragédie de collége, une thèse sur parchemin, et une férule de cuir, trouvés dans une des poches de la soutane, firent soupçonner à d'autres qu'elle avait appartenu à quelque pédagogue du pays latin. Un héritier du défunt, qui aspire à l'honneur de lui succéder, a fait l'acquisition de cette robe, et prétend qu'elle serve, comme celle de Rabelais, à tous ceux qui viendront prendre leurs degrés dans l'école dont il aspire à devenir le chef. Je m'étais promis d'acheter à cette vente l'objet qui serait vendu le moins cher: j'ai eu pour un peu moins que la valeur du cadre, un portrait en pied du défunt, au bas duquel on avait inscrit ces vers de Martial:

Crine ruber, niger ore, brevis pede, lumine læsus
Rem magnas præstas, Zoïle, si bonus es.

La séance était levée: chacun s'en allait plus

ou moins content de l'achat qu'il avait fait ; je sortis un des derniers. En repassant à travers ces salles désertes qui attendaient un nouveau propriétaire, je faisais d'assez graves réflexions sur cet indispensable déménagement dont je vois approcher le terme, et je tirais cette leçon du spectacle que j'avais sous les yeux : que notre réputation étant le seul bien qui nous appartienne encore après notre mort, il vient un tems où l'on n'a plus à espérer ou à craindre que la mémoire qu'on laisse après soi.

N° LXXV. — 1er *mai* 1813.

LA MATINÉE D'UNE JOLIE FEMME.

Formosis levitas semper amica fuit.
PROPER., Eleg. 13, lib. 2.

La légèreté a toujours été l'apanage d'une jolie femme.

J'ENTENDS tous les jours crier contre la vieillesse, et je vois que chacun fait ce qu'il peut pour y arriver. C'est encore là, mes confrères les humains, une de vos contradictions. La même cause produit ces deux effets différens : vous aimez la vie, et vous redoutez la vieillesse qui vous en annonce la fin ; vous êtes en route, vous connaissez le but de votre voyage, et c'est pour cela que vous voulez prendre le plus long. Le mieux serait de s'arranger avec les saisons de la vie, comme on s'arrange avec les saisons de l'année ; de ne voir que les désa-

Alex. Desenne. del. 1813. Coupé. Sculp.

grémens de celle que l'on quitte et les douceurs de celle où l'on entre, et de se dire qu'on a sur les jeunes gens, quand on est déjà vieux soi-même, tout l'avantage de la distance qui vous sépare; puisqu'il est certain que le vieillard l'a parcourue, et qu'il ne l'est pas que le jeune homme puisse la parcourir. C'est un talent que de savoir vieillir; il faut l'apprendre, sous peine d'être un jour insupportable ou ridicule : insupportable si, prenant exemple de Valmont, et méditant sans cesse des plaisirs que vous ne pouvez plus goûter, vous voulez imposer aux autres vos regrets, vos chagrins et vos privations : ridicule si, par un travers plus particulier à l'époque où nous vivons, vous avez, comme Dercourt, la manie de vous cramponner pour ainsi dire à la jeunesse, et de laisser voir les risibles efforts que vous faites pour résister au tems qui vous entraîne. Je ne veux pas faire, après Cicéron, un traité sur la vieillesse, mais j'avancerai, comme un précepte appuyé d'une longue expérience, que pour se plaire dans cet état de la vie, il ne faut pas y arriver tout neuf : je m'y suis préparé quelque tems d'avance : dès que j'ai vu venir l'automne, j'ai pris mesure de mes habits d'hiver, et je ne me suis pas trop aperçu du changement de température. J'ai si bien fait, en un mot, que j'ai fini par me convaincre que le coin de mon feu, à dix heures du soir, valait bien un bal masqué; qu'un chapitre de Montaigne pouvait tenir lieu d'une course au bois de Boulogne, et qu'à tout prendre, les épanchemens de l'amitié étaient une assez douce compensation des faveurs plus vives et moins durables de l'amour. Je suis encore tenté de faire entrer en ligne de compte (car il vient un tems où l'on ne néglige rien) un privilége que je dois à mon âge, et dont je jouis sans en être fier, celui d'être admis à toute heure, en tout lieu, dans l'intimité des plus jeunes et des plus jolies femmes, sans éveiller les soupçons d'un mari ou la jalousie d'un amant. J'ai vu le tems où j'appelais un tête-à-tête une bonne fortune; aujourd'hui le boudoir m'est ouvert avec la même facilité que le salon; les femmes n'ont plus de secret pour moi; je ne suis pourtant pas la dupe d'une franchise qui m'avertit qu'on n'a plus d'intérêt à me tromper; mais sans flatterie, je ne vois pas ce qu'elles gagnent pour la plupart à se montrer autres qu'elles ne sont;

car (à quelques exceptions près) le voile mystérieux dont elles s'enveloppent cache encore plus d'attraits que d'imperfections, plus de qualités que de défauts. Cette observation est particulièrement applicable à Mme Amélie de Cormeil.

Je déjeûnais, il y a quelques jours, tête-à-tête avec cette jeune dame, qui compte au nombre de ses avantages une figure charmante, vingt ans, et quatre-vingt mille livres de rente : elle me demandait compte de l'emploi de mon tems, et paraissait très-disposée à plaindre le bonheur dont je me vantais. « Il n'en est pas, continuai-je, de mes plaisirs comme des vôtres : pour moi, les plus doux sont maintenant ceux que le soleil éclaire ; mais peut-être pourriez-vous m'envier celui que je goûte une ou deux fois par semaine dans les premiers beaux jours du printems, lorsque je vais déjeûner, à huit heures du matin, à la laiterie suisse du Jardin des Plantes, et manger du lait et des œufs à l'ombre de ce vieux cèdre du Liban qui couvre le tombeau de Daubenton. » Tout ce qui présente aux femmes l'attrait de la nouveauté, est sûr de les séduire ; la belle Amélie me fit promettre de venir la prendre un matin à huit heures pour aller déjeûner sous le cèdre de Daubanton. — *A huit heures?* Y songez-vous bien, lui dis-je, à huit heures ? — Je ne vous ferai pas attendre cinq minutes. » La partie fut arrêtée pour un des jours de la semaine; je fus exact au rendez-vous; mais cette fois une migraîne horrible avait empêché Madame de fermer l'œil pendant la nuit, elle venait de s'endormir : le lendemain on attendait, à dix heures, Mme Coutant : le lendemain, un aide-de-camp partait pour l'armée, et devait venir prendre des lettres : le lendemain, c'était le jour de M. Costantini, le maître d'italien, qu'on ne voudrait pas manquer pour tout au monde : enfin de lendemain en lendemain, et d'excuse en excuse, la partie était toujours remise, et tout patient que je suis avec les femmes, je commençais à me lasser : j'accepte néanmoins un dernier rendez-vous pour jeudi matin, sous condition expresse de n'entendre à aucun accommodement, et d'aller droit à la chambre à coucher.

J'arrive à l'heure convenue; maîtres et valets, tout le monde, excepté les frotteurs, est encore endormi dans l'hôtel : je pénètre hardiment jusqu'à la chambre à coucher de Madame ; j'ouvre les persiennes, et sur l'air de *Réveillez-vous, belle endormie*, je lui rappelle nos conditions de la veille. Grâce, mon bon Hermite (me cria-t-elle en entr'ouvrant ses rideaux, et découvrant un bras d'une blancheur éblouissante) ! grâce encore pour aujourd'hui ! — Non, Madame ; oh ! pour cette fois, vous me tiendrez parole. — Demain, sans faute. — A d'autres ! — Si vous saviez, j'ai tant à faire ! — Et moi donc, qui dois faire de notre déjeûner au Jardin des Plantes le sujet de mon *discours* de samedi prochain ? — Vous prendrez un autre texte. — Une de vos matinées, par exemple ? — Vous croyez rire, mais cela vaudrait bien quelques-unes de vos graves dissertations. — Soit, mais encore faut-il avoir le tems d'y penser, de prendre des notes, de chercher un cadre ?.......... — Cela vous embarrasse ? eh bien ! je vais vous faire une proposition : il m'est impossible de sortir ce matin ; mais je ne veux pas que vous ayez perdu votre tems avec moi : allez passer une heure dans ma bibliothèque ; je me lève, nous déjeûnons ensemble, et je vous dicte votre article. — Je vous prends au mot. » Mme de Cormeil sonne ses femmes; je sors, et je vais dans la bibliothèque attendre qu'on me rappelle. Je prends un volume de Voltaire; j'en avais lu à peine la moitié, qu'un valet-de-chambre vient me prévenir que Madame m'invite à passer dans son boudoir.

C'est une bien jolie chose qu'une femme de vingt ans,

> Dans le simple appareil
> D'une beauté qu'on vient d'arracher au sommeil!

Je me sus bon gré du plaisir que je trouvai à contempler, pendant quelques momens, cette figure d'Hébé, si fraîche, si gracieuse; ces beaux cheveux blonds arrêtés sur le haut de la tête, dans un désordre si aimable; cette robe entr'ouverte, à travers laquelle on croit voir (pour parler le langage d'Ossian) *l'astre si doux des nuits sortir à moitié d'entre les nuages!*....

« Voici de l'encre et du papier; mettez-vous là, me dit-elle, je dicte; écrivez! il s'agit de ma matinée d'hier...... — J'y suis: *la Matinée d'une Jolie Femme.* — Je ne me mêle pas du titre.

« J'avais lu *Mademoiselle de La Fayette* jusqu'à trois heures du matin ; la tête pleine de Louis XIII, du cardinal de Richelieu, de Mme de Brégy, de M. de Roquelaure, je ne me suis endormie qu'au point du jour. — Charlotte est entrée chez moi à onze heures. — J'ai passé je ne sais combien de tems à tortiller mon madras autour de ma tête, à la Chinoise, à la Créole, à la Provençale, à la Savoyarde, sans pouvoir venir à bout de me coiffer : je me suis fâchée contre Charlotte; elle avait les larmes aux yeux : je lui ai donné, pour dimanche, ma loge à Feydeau.

» Il était près de midi quand mon mari est entré dans ma chambre ; il revenait de chez le ministre, et m'annonça que son départ était fixé à la semaine prochaine. Son intention était que j'allasse passer l'été dans ma terre, en Bourgogne, et j'ai eu beaucoup de peine à lui prouver qu'il était plus convenable que je louasse le château d'Epinay, d'où je pourrais me transporter à Paris deux fois par semaine pour aller à l'Opéra, aux Bouffons, et pour avoir plus promptement de ses nouvelles. Il a fini, comme à l'ordinaire, par convenir que j'avais raison, et par me promettre que son homme d'affaires irait dans la journée traiter avec le propriétaire du château d'Epinay. — Nous devions déjeûner ensemble. — Mlle Despeaux m'a envoyé un chapeau de paille d'Italie. *C'est un amour !* Je me suis bien gardée de dire à M. de Cormeil qu'il coûtait cinq cents francs. Nous en aurions eu pour une heure de morale. — Mlle Charlotte est venue m'apporter la liste de mes pensionnaires (1); elle augmente tous les jours, et les marchandes de modes y perdent quelque chose. . . . .

» Après avoir écrit quelques billets, j'ai demandé mes chevaux; je me suis jetée dans ma voiture, en camisole, enveloppée dans un cachemire, et j'ai été au bain. — J'étais de retour à une heure; mon mari s'était lassé d'attendre : je croyais déjeûner seule; Mme d'Hennecourt et sa fille sont venues me tenir compagnie. Il faut attendre que la jeune personne soit mariée, pour savoir le nom qu'on doit donner à son silence et à sa gaucherie. Quant à

(1) Pauvres secourus à domicile : beaucoup de femmes de Paris exercent ce genre de bienfaisance avec autant de générosité que de discrétion.

la mère, chaque fois que je la vois, je suis tentée de lui dire que lorsqu'on n'a plus d'agrémens à mettre dans le commerce de la société, on devrait bien y apporter quelques vertus. — Le petit Moreau est venu me présenter un cahier de romances qu'il m'a dédiées. — Mon mari est rentré ; sa présence a fait fuir ces dames qu'il n'aime pas du tout, et qui le lui rendent bien. — Je lui ai proposé d'aller avec lui voir *la Bataille de Marengo* de Vernet : je ne pouvais pas lui faire plus de plaisir. Le tems était superbe : nous avons été à pied rue de Lille. M. de Cormeil a été ravi de ce tableau, et principalement de la vérité du site ; il se voyait encore à la tête de sa division : nous ne serions jamais sortis de l'aile droite, de l'aile gauche, du centre, de la réserve, et probablement nous aurions couché sur le champ de bataille, si j'avais oublié comme lui tout ce qui me restait à faire. — Nous retournions au logis ; le hasard nous a fait remarquer, au pont-tournant, le karrick d'Alfred, aide-de-camp et neveu de mon mari ; nous l'avons rencontré lui-même sur la terrasse de l'eau. M. de Cormeil, que ses affaires appelaient ailleurs, lui a proposé de me conduire au bois de Boulogne : mon petit neveu a consenti sans empressement.

» La promenade du bois était charmante; tout Paris s'y était donné rendez-vous. — Nous avons bien ri de la grosse baronne avec son coupé vert tendre et ses armes qui tiennent toute la largeur des panneaux. Alfred m'a fait remarquer que la pauvre femme suivait, sans s'en douter, la voiture de Mme d'Arcis, où j'ai cru reconnaître le jeune Saint-Alme. Pauvre baronne! elle est encore plus malheureuse que ridicule: je crois pourtant que j'exagère.

» Nous étions de retour à Paris avant quatre heures. Nous sommes entrés un moment au manége de Sourdis, où Mme Dutillais prenait sa leçon : à son âge, apprendre à monter à cheval! Après qui veut-elle courir? — Nous avons vu rentrer Mme de la Brive avec son écuyer; nous l'avions aperçue au bois : c'est une véritable Amazone que cette femme-là! C'est mieux que cela même, à en juger par sa taille, par sa voix et sur-tout par sa poitrine. — Mme d'Angeville, que j'ai trouvée au manége, m'a prise dans sa calèche, et nous avons été courir les boutiques.

» Nous nous sommes d'abord arrêtées chez

Noustier pour y choisir des fichus de croisés de soie à la Bayadère ; c'est joli, mais cela devient bien commun : dans huit jours on n'en portera plus. Il y avait un monde *fou* chez Le Normand où il est du bon ton de se montrer. On y complétait la corbeille de noce de Mlle Servey ! Au choix des étoffes, on pouvait juger de l'âge et de la fortune du prétendu. — Courtois avait reçu des schalls de Cachemire : préjugé à part, ceux de Terneaux sont bien supérieurs. — Après avoir été essayer des chapeaux chez Le Roi, commander une garniture de kamélia chez Nattier, prendre chez Tessier quelques essences et des pastilles d'aloès, je suis rentrée chez moi à cinq heures, et me suis mise aussitôt à ma toilette. Parce qu'il avait plu à quelques provinciaux d'arriver deux heures avant le dîner, M. de Cormeil, qui s'ennuyait avec eux, avait bonne envie de me faire des reproches lorsque j'ai paru dans le salon : mais j'avais mis une robe qu'il aime tant, et qui me va si bien, Hippolyte m'avait coiffée avec tant de goût, que mon mari n'a pas eu le courage de me gronder.

» Eh bien, qu'en dites-vous, mon cher Hermite (continua Mme de Cormeil en cessant de dicter), ne voilà-t-il pas une matinée remplie et un article tout fait? — Si bien, Madame, que je vous demande la permission de le faire paraître sans y changer autre chose que les noms propres...... — Et sans y mêler aucune réflexion? — Aucune. — C'est à vous de voir si vos lecteurs s'amuseront de ce commérage. — J'en juge par le plaisir que j'ai eu à vous entendre. »

N° LXXVI. — 8 *mai* 1813.

UNE PREMIÈRE REPRÉSENTATION D'AUJOURD'HUI.

Plus que jamais dans cette grande ville,
En beaux esprits, en sots toujours fertile,
Mes chers amis, il faut bien nous garder
Des charlatans qui viennent l'inonder.
Les vrais talens se taisent ou s'enfuient,
Découragés des dégoûts qu'ils essuient.

VOLT., *les Chevaux et les Anes.*

LE tableau d'*Une première Représentation d'autrefois* (que je me rappelle avoir mis sous les yeux de mes lecteurs au commencement de l'année dernière *) ne pouvait guère se passer du pendant que je viens exposer aujourd'hui. Le

---

* *L'Hermite de la Chaussée-d'Antin*, 2e volume, N° 1er.

premier, quoi qu'on en ait dit, est un morceau original que le hasard a fait tomber entre mes mains, et dans lequel on trouve des détails très-exacts sur cette solennité théâtrale au tems des Corneille et des Racine. On peut s'en rapporter à moi sur la fidélité de celui-ci; je connais le lieu de la scène, et j'ai vu tous mes personnages en action. C'est une excellente étude de mœurs qu'une première représentation à une époque où les spectacles sont moins un plaisir pour tous qu'une habitude chez les uns et une espèce de fureur chez les autres. Quel champ d'observations qu'un lieu où se rassemblent tous les ridicules, toutes les prétentions et tous les amours-propres! On a maintenant le besoin du spectacle : j'ai vu le tems où l'on en avait le goût; où les vrais amateurs qui dirigeaient sur ce point l'opinion publique, établissaient une différence dans les genres, et ne souffraient pas que l'on pesât dans la même balance une tragédie, une comédie de caractère, un opéra-comique et une parade de la foire. Dans ce tems-là, comme du tems de Boileau, *un clerc de procureur pouvait, pour ses quinze sous, siffler Attila;* mais ce clerc de procureur n'allait à la comédie que le dimanche; tous les autres jours, le parterre était habituellement composé de gens instruits, pour qui le théâtre était une espèce d'athénée où ils venaient à l'école des Corneille et des Molière étudier les mœurs des peuples et les passions des hommes. Dans ce tems-là, une pièce qui n'était pas dévouée d'avance à l'esprit de parti ou aux intrigues d'un chevalier de la Morlière, était jugée de la manière la plus impartiale; chaque genre jouissait du degré de considération qu'il méritait; chaque théâtre avait sa cour spéciale, son tribunal *ad hoc*.

C'est au café de la *Régence* que celui de l'Opéra tenait ses assises; c'est là que se plaidait chaque jour la cause de Rameau contre Lulli; qu'on prononçait en dernier ressort sur le mérite des airs de Mondonville et Dauvergne, sur les poëmes de Danchet et de Cahuzac: le *coin* du roi et celui de la reine s'y livraient des assauts continuels dans l'intervalle des parties d'échecs, et quatre heures sonnant, chacun courait au théâtre du Palais-Royal faire l'application de sa théorie. Jamais un habitué de l'Opéra ne se montrait à un autre spectacle le mardi et le vendredi ; il se serait fait scrupule de manquer la cinquantième représentation des *Indes Galantes* pour voir, aux Français, la première de *Mérope*, et l'on n'aurait pas oublié d'envoyer le lendemain demander des nouvelles de tel ou tel amateur qui ne se serait pas montré la veille au balcon de l'Opéra.

L'élite des gens de lettres et des habitués du Théâtre-Français se réunissait au café Procope, sous la présidence de Piron. C'est là que se décidait le sort des pièces nouvelles, et que le jugement du public était révisé quelquefois avec beaucoup d'irrévérence. C'était à cette école, dont les professeurs avaient tous fait leurs preuves, que se formait le parterre de la Comédie-Française. Le bonnetier de la rue aux Fers et le mercier de la rue Saint-Denis ne prononçaient pas magistralement entre Racine et Voltaire ; ils se contentaient de venir le dimanche pleurer à *Zaïre* et rire aux *Plaideurs*, sans s'embarrasser de ce que maître Fréron pouvait penser et dire de ces deux chefs-d'œuvre. L'enthousiasme alors se réglait assez généralement sur l'importance de l'ouvrage, et l'on ne se passionnait pas tout-à-fait autant pour *le Coq du Village* et pour *la Servante Justifiée* que pour *le Méchant* et *la Métromanie*.

Autre tems, autre goût : maintenant une comédie en cinq actes, de l'auteur le plus renommé, un mélodrame à l'Ambigu, une parade aux Variétés attirent la même affluence et les mêmes spectateurs; on se décide indifféremment pour *Palmérin* ou pour *Héraclius*, et les journaux du lendemain rendent compte avec la même gravité, avec le même empressement, du succès de *Ninus II* et de celui d'*Archambaud*.

Quoi qu'il en soit, un auteur séduit par la brillante perspective d'entrer en partage de gloire et de renommée avec les coryphées du mélodrame, a résolu de se produire sur la scène française; il est parvenu à éviter tous les écueils, à franchir tous les obstacles qu'il a trouvés sur sa route, depuis le jour de la première lecture de son ouvrage au comité des acteurs jusqu'au moment de sa mise en scène; il est arrivé vivant à sa dernière répétition; c'est demain qu'on le joue. Là commence la tâche que je me suis proposée.

La pièce n'était point encore en répétition qu'elle était déjà la proie des journalistes; les uns ont officieusement prévenu le public que l'auteur n'est encore connu que par des chutes; les autres, que son sujet a déjà été traité plusieurs fois sans succès : celui-ci s'est empressé d'accueillir la réclamation d'un anonyme qui crie au plagiat; cet autre, en montrant la griffe, a dit à quel prix il consentirait à faire *patte de velours*. Les acteurs qui ne jouent pas dans l'ouvrage, quelquefois même ceux qui y jouent des rôles qu'ils ont jugés mauvais, font circuler dans le public des bruits de funeste présage. Les rivaux qui croient avoir à se plaindre d'un passe-droit, les envieux (car il en est même parmi les auteurs) relèvent malignement dans les salons et dans les cafés les défauts de l'ouvrage qu'ils ont saisis aux répétitions; ils signalent comme hasardées les scènes les plus belles; comme dangereuses les situations les plus neuves et les plus fortes. D'un autre côté, les amis, les prôneurs et les malveillans les plus adroits portent d'avance l'ouvrage aux nues, lui assignent sa place entre *Athalie* et *Mérope*, entre *le Tartufe* et *la Métromanie*, et ameutent ainsi contre son auteur tous les amours-propres contemporains.

Enfin, le jour de la première représentation arrive ! Quelque matinal que soit l'auteur, il trouve, à son lever, des gens qui l'attendent; les quêteurs de billets assiégent déjà sa porte. C'est une espèce de faveur à laquelle tout le monde se croit aujourd'hui des droits, et qu'on demande du ton dont on offre un service. Il est de fait cependant que ces solliciteurs ont, pour la plupart, plus de justice que de bienveillance, et qu'ils sont ordinairement des témoins très-calmes de la lutte qui s'établit au parterre : quelques-uns il est vrai, par un petit mouvement de vanité qui n'en fait pas moins honneur à leur franchise, sifflent l'ouvrage qui leur déplaît pour n'avoir pas l'air de *billets donnés*.

A cette foule d'importuns indifférens, succèdent les chefs d'une troupe auxiliaire que Dorat a pris le premier à sa solde, et que l'ingrat Laharpe, qui lui avait dû plus d'une fois la victoire, a voulu immoler sur le théâtre même de ses plus glorieux triomphes. Les députés de la compagnie des *claqueurs* viennent faire leurs offres de service. Répugnez-vous à vous servir de pareils moyens? ils cherchent à dissiper vos scrupules en vous citant de grands exemples: témoignez-vous quelque défiance? ils produisent leurs certificats; ils vous montrent la liste des mauvaises pièces qu'ils ont fait réussir; et si vous persistez à rejeter avec mépris les propositions de ces entrepreneurs de succès, ils ébranlent votre confiance et votre amour-propre, en vous nommant les bons ouvrages qu'ils ont fait tomber.

Délivré, d'une manière ou de l'autre, de cette visite, il faut répondre à vingt billets de femmes, qui s'en prennent à vous de ce quelles n'ont pas de loges, de ce que vous n'avez pas reculé votre première représentation jusqu'au jour de *leur quart;* de ce que vous avez oublié de retirer à tems leurs *coupons*. Pour s'assurer que cette maudite matinée tire à sa fin, notre auteur sort de chez lui, et va dîner de bonne heure avec quelques amis intimes qui cherchent en vain à dissiper des inquiétudes qu'ils partagent.

Six heures sonnent: quelle foule inonde les

avenues du théâtre ! les barrières placées dès le matin sous le vestibule ont doublé le nombre des amateurs : tel badaud qui résistait depuis huit jours à l'influence de l'affiche, ne résiste plus à l'influence de la barrière : comment ne pas supposer excellent ce que tant de gens s'empressent à voir ? Les bureaux sont ouverts; mais comment se fait-il qu'on n'y distribue que la vingtième partie des billets que la salle peut contenir ? d'où vient que le buraliste est assiégé dans sa petite loge, et qu'on lui dispense force injure par sa lucarne, en échange des billets qu'il ne délivre pas, et qui se vendent à la porte trois ou quatre fois leur valeur ? Cet abus, dont je ne cherche pas la source, a de graves inconvéniens : j'y vois pourtant cet avantage, que tel auteur, après sa chute, peut se vanter que les billets de parterre ont été payés douze ou quinze francs le jour de la première représentation de sa pièce : Scudéri se vantait bien de la mort des deux portiers étouffés à la porte de la Comédie en l'honneur de son *Amour Tyrannique*.

Avant d'entrer dans la salle où la foule s'engouffre avec un bruit épouvantable, je jette un coup-d'œil sur la file des voitures qui s'avancent lentement, dans un ordre que rien ne peut interrompre, et dont la reconnaissance publique ne tient peut-être pas assez de compte à l'autorité vigilante qui le maintient avec tant de soins et de peine.

Dans l'intérieur, tout est en mouvement, tout paraît en désordre; on croit entrer dans une ruche envahie par un nouvel essaim: on se heurte, on se presse au parterre, à l'orchestre, dans les galeries: la plus grande solitude règne encore dans les loges. Les groupes se forment au parterre; les orateurs s'établissent au centre, et pérorent sur le genre, sur le titre, sur la distribution de l'ouvrage, suivant l'intérêt qui les amène. Ces dissertations préliminaires sont interrompues de tems à autre par des remarques sur les personnages de quelque importance que l'on aperçoit aux galeries ou aux balcons. — « Remarquez ce grand homme qui promène ses regards autour de la salle, de manière à attirer l'attention sur lui; c'est l'auteur de..... : il s'aperçoit qu'il est à côté d'un académicien....... Voyez comme il lui fait place !...... comme il a soin de son chapeau !....... Ces petits services-là peuvent se retrouver un jour. » — « Madame Hornet est aux premières, en grande toilette ! signe éclatant de la protection que l'*ancien* des Feuilletons accorde à la pièce nouvelle. Si l'auteur n'eût pas fait son devoir, l'Aristarque se serait retranché dans sa baignoire, et Madame afficherait un dédaigneux négligé. »

» La rampe s'éclaire; l'orchestre des musiciens se remplit : « Nous n'aurons point de symphonie ce soir; c'est toujours cela de gagné! » La toile se lève. — *Chut! paix-là!*......... — Vains efforts! on n'a pas entendu dix vers dans les deux premières scènes! Pourquoi dîne-t-on à six heures? Pourquoi est-il du bon ton d'arriver tard au spectacle, de parler tout haut dans les corridors; en un mot, de faire de l'effet en entrant dans sa loge? Le premier acte est achevé, on n'a point écouté l'exposition; cela pourrait bien jeter quelque obscurité sur le reste de l'ouvrage, à moins que l'auteur n'ait eu l'attention de ménager une seconde exposition pour l'acte suivant : il y en a des exemples.

Les loges se sont remplies pendant le second

acte : les femmes l'emploient à se faire voir, à se reconnaître, à promener leurs lorgnettes sur tous les points de la salle; elles sortent de leur loge à mi-corps, se font des signes de la tête, de la main; et l'intrigue est déjà nouée, que ces dames ne savent pas encore le nom des personnages.

Au troisième acte, l'attention commence à se fixer sur la pièce; la cabale s'agite, les partis sont en présence : où l'un admire une situation forte, un effet théâtral, un vers hardi, l'autre crie, au mauvais goût! au mélodrame! au néologisme! Les loges applaudissent à une scène filée avec art; le parterre n'y voit qu'un entretien prolongé sans but et sans motif. La malveillance guette pour ainsi dire les mots au passage, et détruit tout l'effet d'une scène sur laquelle l'auteur avait droit de compter pour faire justice de l'impropriété d'un terme ou de la hardiesse d'une locution.

A travers toutes ces agitations, tous ces flux et reflux d'opinions diverses, où il ne manque que l'opinion publique, la pièce arrive à la fin, et le nom de l'auteur est proclamé au milieu des applaudissemens dont le fracas ne peut cependant couvrir le son aigu de quelques sifflets. Le rideau se baisse.

L'auteur, qui n'a pu tenir en place pendant la représentation de sa pièce, qu'on a vu aller et venir des coulisses au foyer, du foyer dans les couloirs, heureux de voir sa barque au port, non sans quelques avaries, court dans les loges des principaux acteurs, auxquels il rend généreusement, mais sans tirer à conséquence pour l'avenir, la meilleure part des applaudissemens qu'il a reçus. Il se mêle ensuite dans la foule, où il épie des entretiens particuliers auxquels son amour-propre ne trouve pas toujours son compte. On le reconnaît sous le péristile : les uns l'abordent et le félicitent ; il sourit modestement. « Vous ferez mieux une autre fois, » lui crie de loin un grand personnage dont on annonce la voiture ; et le pauvre auteur fronce le sourcil avec colère. Son mécontentement est encore plus visible, lorsqu'il s'aperçoit que plusieurs gens de lettres de sa connaissance se contentent, en passant près de lui, de lui serrer la main. Mais tout-à-coup son visage s'éclaircit, le sentiment que j'y vois briller n'est pas exempt d'orgueil, mais il s'y mêle de plus douces émotions. Deux femmes l'ont abordé avec un empressement qu'elles avaient bien de la peine à contraindre : tandis que la plus âgée par ses discours faisait l'éloge le plus brillant de la pièce, la plus jeune, par son silence et ses regards, faisait encore mieux celui de l'auteur.

N° LXXVII. — 15 *mai* 1813.

UN DUEL.

Les hommes, dans le fond raisonnables, mettent sous les règles leurs préjugés mêmes.

MONTESQUIEU, *Esprit des Lois*.

UN M. de Bréant, ancien militaire, déclamait habituellement contre la fureur des duels : quelqu'un s'avisa, pour savoir à quoi s'en tenir sur sa philosophie, de lui annoncer un jour que son fils venait de recevoir une insulte grave dont il avait eu *le courage* de ne point demander raison. M. de Bréant donna sur-le-champ un démenti formel à celui qui avait fabriqué cette histoire, et l'on eut toutes les peines du monde à l'empêcher de se battre avec lui. Cette inconséquence, dont je pourrais citer des exemples plus récens, est le résultat nécessaire du peu d'accord qui existe sur ce point entre les mœurs, la morale et les institutions. De tous les préjugés maintenant en opposition directe avec les lois établies, le point d'honneur est peut-être le plus ancien, et, j'ai peur de le dire, le plus indestructible, parce qu'il s'est en quelque sorte identifié avec le caractère national. Qu'importe en effet que la loi défende sous peine de la vie même ce que l'honneur commande sous peine de la honte, chez une nation guerrière, où l'éducation fait un crime de la lâcheté et un supplice affreux du mépris. A Dieu ne plaise que je veuille m'établir l'apologiste d'une coutume barbare, *d'un préjugé féroce qui met toutes les vertus à la pointe de l'épée;* mais en lui laissant tous les noms odieux dont les moralistes ont essayé de le flétrir, je suis d'avis que, dans l'état actuel de notre civilisation, il est bien plus aisé d'en attaquer le principe que d'en éviter les conséquences : on doit sur ce point penser comme Rousseau, sauf à agir dans l'occasion comme M. de Bréant. Avouons encore que, quelque blâmable que soit l'usage du duel, il trouve une sorte d'excuse dans la délicatesse des sentimens qu'il suppose, un prétexte dans la décence et la politesse qu'il maintient dans la société, et un complice puissant dans l'opinion publique qui le soustrait à l'action des lois.

Sanval, dans ses *Antiquités de Paris*, ne fait remonter l'origine de cette coutume sanguinaire qu'à Gondebaud, roi des Bourguignons, lequel, dit-il, en ordonna la pratique par la loi *Gombette :* d'autres historiens en accordent l'invention aux Francs nos ancêtres paternels : ce qu'il y a de certain, c'est qu'elle était surtout propre à cette nation, comme on le voit dans la vie de Louis-le-Débonnaire, où il est dit que Bernard demanda à se purger du crime qu'on lui imputait par la voie des armes, *more francis solito*. Une fois introduit en France, cet usage ne tarda pas à s'y naturaliser ; la chevalerie qui s'en empara en fit une règle fondamentale du point d'honneur, et depuis les lois les plus sévères n'ont pu parvenir à le déraciner. Les ordonnances de nos rois n'ont fait qu'ajouter la désobéissance au crime qu'elles cherchaient à prévenir, et le sang le plus illustre a vainement coulé sur les échafauds. Il est même assez remarquable que les duels n'ont jamais été plus fréquens qu'aux époques où ils étaient le plus rigoureusement défendus. L'édit de Henri II contre le duel, rendu en 1547, à la suite du dernier combat autorisé entre Jarnac et la Châtaigneraye, fit en quelque sorte une mode de cette coutume, supprimée comme preuve juridique. Sous le règne de Henri III, cette frénésie, malgré la rigueur des ordonnances, fut poussée au point que, faisant allusion aux honneurs que le roi avait fait rendre dans l'église de Saint-Paul à Caylus et Maugiron, tués en duel par d'Entragues et Riberac, on se servait de cette expression : *Je le ferai tailler en marbre*, pour dire je le tuerai en duel.

On a reproché à Henri IV d'avoir eu trop d'indulgence pour ce genre de délit, et l'on n'a point fait la remarque que de son tems les exemples en avaient été beaucoup moins communs que sous les deux règnes au milieu desquels le sien se trouve placé. Les duellistes, sous Louis XIII, furent poursuivis suivant toute la rigueur des ordonnances, et l'on peut se faire une idée de leur nombre, en se rappelant que, d'après le relevé des registres de la chancellerie, il avait été accordé plus de mille lettres de grâce par Louis XIV dans les vingt premières années de son règne. La fameuse déclaration de 1679, qui parut un moment ralentir la fureur des duels, ne fit que déplacer le champ de bataille : on alla se battre sur les frontières.

Les duels, plus fréquens encore sous le règne de Louis XV, devinrent moins meurtriers; le point d'honneur eut son code réglementaire, où les injures, partagées en deux classes, n'exigèrent plus la même satisfaction; il y fut décidé que l'on continuerait à se battre pour rien, mais que l'on se tuerait du moins pour quelque chose, et l'on imagina ce *mezzo termine*, de combat au *premier sang*, où, selon l'expression de Rousseau, *la gentillesse se mêle à la cruauté, et où l'on ne tue les gens que par hasard*. C'est au sujet de ces sortes de combats que l'auteur d'*Héloïse* s'écrie avec cette éloquente indignation qui lui a dicté les plus belles pages qu'on ait peut-être jamais écrites dans aucune langue : *Au premier sang! Grand Dieu! et qu'en veux-tu faire, de ce sang, bête féroce?... le boire?*

A cette époque, au moindre mot, on se trouvait obligé de mettre l'épée à la main; mais souvent le fer croisé suffisait à la réparation d'une légère offense. Le ridicule de cette manie n'a point échappé aux auteurs dramatiques; elle a fourni à Fagan une des meilleures scènes de ses *Originaux*, et le caractère si comique de *Bretenville*.

Jusque-là l'épée avait été la seule arme permise dans les duels : l'obligation de la porter habituellement imposait en quelque sorte l'obligation de savoir s'en servir, et la certitude d'être habile à défendre sa vie rendait moins difficile sur les occasions de l'exposer. Le changement qui s'opéra dans la manière de se vêtir sous le règne de Louis XVI, contribua peut-être à introduire l'usage des duels au pistolet; combat qui, pour le dire en passant, n'a rien de noble, rien de français, où le courage ne peut suppléer à l'adresse, et dans lequel on est obligé de tuer son adversaire sans défense, ou de se laisser tuer soi-même de la même manière. Cet usage anti-chevaleresque commence à passer de mode.

Depuis environ deux cents ans les *témoins*

ont remplacé les *seconds :* c'est du moins un pas de fait vers la raison et l'équité ; car s'il est inhumain de se battre pour venger sa propre injure, il était absurde de se battre pour venger l'injure d'un autre, contre quelqu'un qui ne vous avait point offensé. Les témoins aujourd'hui règlent les moyens, les conditions du combat, et dans aucun cas ils ne souffriraient que les adversaires combattissent avec des armes inégales. On était moins scrupuleux du tems de Henri III, puisqu'il est bien avéré que dans le duel entre Caylus et d'Entragues, le premier succomba, parce qu'il n'avait qu'une épée, tandis que l'autre se battait avec une dague : sur l'observation qui en fut faite par Caylus, d'Entragues, qui passait cependant pour un homme d'honneur, lui répondit sèchement : *Tu as donc fait une grande faute de l'avoir oubliée au logis ; car ici sommes-nous pour combattre, et non pour pointiller des armes.* Il paraît même qu'à cette époque, l'offensé avait le singulier privilége d'imposer à son adversaire telle condition qu'il lui plaisait de s'imposer à lui-même. C'est du moins la conséquence que l'on doit tirer d'un trait que rapporte Brantôme. Il parle comme témoin d'un duel entre un gentilhomme de très-petite stature, et un sergent gascon d'une taille très-élevée. Le premier régla le combat de manière à ce qu'ils fussent tenus de se battre tous deux armés d'un collier garni de pointes qui les obligeaient à tenir la tête très-haute : *Et cette façon*, dit Brantôme, *avait été inventée assez gentiment par le petit, qui pouvait hausser la tête contre le grand, et le regarder à son aise, ce que ne pouvait faire le grand contre le petit sans se baisser et se percer la gorge lui-même : par ainsi en deux coups d'épée le petit tua son ennemi fort aisément.* De nos jours le *petit* passerait pour un assassin, s'il trouvait un *grand* assez sot, ou un sot assez grand pour accepter de pareilles conditions.

Cette dissertation où je me suis engagé, pour ainsi dire à mon insu, n'est que le commentaire, un peu trop long peut-être, de l'aventure qui me reste à rapporter. Un des jours de la semaine dernière, je déjeûnais avec une bavaroise dans un café du boulevart, à côté de quelques jeunes gens qui faisaient un repas plus substantiel. L'un d'eux, que j'entendis nommer Alfred, recevait les complimens de ses amis sur le mariage qu'il était sur le point de contracter avec une jeune personne charmante, et dont il était éperdûment aimé. Il me serait difficile de dire comment s'engagea entre ce jeune homme et l'un de ses amis une querelle à laquelle je ne fis attention que lorsqu'elle était devenue assez sérieuse pour donner de l'inquiétude sur la manière dont elle se terminerait. Je sais seulement qu'il s'agissait dans le principe de décider jusqu'à quel point *une femme peut aimer un homme qui porte perruque.* Alfred avait dit à ce sujet des choses fort plaisantes, dont un de ses camarades avait eu le mauvais esprit de se faire l'application : les plaisanteries avaient été repoussées par des épigrammes ; l'aigreur s'en était mêlée ; et, comme il arrive presque toujours, celui qui resta court le premier fut aussi le premier qui se fâcha. L'air moqueur avec lequel Alfred repoussa l'attaque de son adversaire, fit perdre à celui-ci toute mesure, et il lui échappa quelques mots dont il me fut trop aisé de prévoir les conséquences. Je me servis de l'autorité de mon âge et de mon ancien état pour intervenir dans cette dispute en qualité de conciliateur. J'insistai sur l'extrême futilité du motif ; j'atténuai autant qu'il me fut possible le sens, et sur-tout l'intention des termes offensans dont un des adversaires s'était servi ; et il est probable que je serais parvenu à étouffer cette querelle, s'il ne se fût trouvé là quelques-uns de ces gens qui, sans jamais avoir d'autres *affaires* que celles dont ils sont *témoins*, trouvent le moyen de se faire à peu de frais une réputation de bravoure. Je connais encore quelques braves de cette espèce : à l'affût de toutes les disputes, messagers de tous les cartels, il ne s'est pas tiré un coup de pistolet, il ne s'est pas donné un coup d'épée dans Paris depuis vingt ans, dont ils ne puissent rendre compte. Personne n'est mieux instruit qu'eux des lois et des formalités du duel ; ils passent leur vie aux *tirs* de Le Sage et de Peignet, dans les salles d'armes, sur le chemin et dans les allées du bois de Boulogne et de Vincennes : ils croient fermement s'être battus autant de fois qu'ils ont vu les autres se battre.

Désespéré de l'inutilité de mes efforts et du peu de succès de ma médiation, je vis avec un véritable chagrin ces jeunes gens, une heure auparavant amis inséparables, sortir après s'être donné rendez-vous pour midi à la barrière des Champs-Elysées. Je prenais à l'un d'eux, à celui que j'ai nommé Alfred, qui ne m'était pas moins inconnu que les autres, cet intérêt de sympathie auquel on se livre sans chercher à se l'expliquer : il me paraissait le plus jeune ; il aimait, il était aimé ; sa vie appartenait, pour ainsi dire, à deux familles..... Mais peut-être y avait-il encore quelque moyen de prévenir un malheur dont j'avais le triste pressentiment. Je m'acheminais tout pensif vers le lieu du rendez-vous : le hasard voulut que je rencontrasse dans la grande allée des Champs-Elysées un officier des chasseurs de la garde que je vois habituellement chez Mme de R***, sa parente, et qui n'est pas moins distingué par la noblesse de son caractère que par l'éclat de la plus brillante valeur. Comme j'achevais de raconter au capitaine les circonstances du duel projeté, nous vîmes arriver à la suite l'une de l'autre les deux voitures où se trouvaient les adversaires et leurs témoins. Le capitaine était à cheval ; il suivit à ma prière les voitures qui prenaient le chemin du bois de Boulogne, et me promit de venir me rendre compte de ce qui se serait passé.

Je n'eus pas le tems de faire de bien longues réflexions sur la force d'un préjugé tyrannique qui fait taire l'humanité, la justice et la raison, qui oblige deux amis à s'entr'égorger, et qui permet à des juges (lorsqu'on a recours à l'autorité des lois) de condamner un coupable qu'ils approuvent, et dont en pareil cas ils eussent imité la conduite; au moment où j'arrivais à la grille du bois de Boulogne, je vis accourir le capitaine S***, et je lus sur sa figure la fatale nouvelle qu'il avait à m'apprendre. Il donna son cheval à garder sur la pelouse, et me conduisant dans une allée voisine, il me raconta en peu de mots le cruel événement dont il venait d'être le témoin.

« Les voitures, me dit-il, s'étant arrêtées près de la Muette, les quatre personnes qui s'y trouvaient s'enfoncèrent précipitamment dans le bois: je les suivis, et après m'être nommé, je demandai la permission d'intervenir dans un différend dont je connaissais déjà quelques particularités. « Soyez le bienvenu, capitaine (me dit le plus jeune des deux adversaires), mais épargnez-nous des explications humiliantes dans un pareil moment, et qui ne pourraient, dans aucun cas, avoir d'autres résultats que de retarder un combat indispensable. » Désespérant de rien obtenir sur le fond, j'essayai, en ma qualité de témoin, de gagner quelque chose sur les formes; nous réglâmes qu'il ne serait tiré qu'un seul coup de chaque côté, que l'on se placerait à vingt pas de distance, et que l'on tirerait ensemble à un signal convenu. Je chargeai moi-même le pistolet du jeune Alfred, à qui je fis prendre le bas du terrain (ce qui n'est pas sans avantage dans le combat au pistolet), et je l'engageai à modérer un emportement qui donnait à son adversaire un grand avantage sur lui. Toutes les dispositions faites, les combattans en place, le pistolet à la main et la double détente armée, on donne le signal; le coup part, et le malheureux jeune homme pour lequel vous et moi formions des vœux, tombe frappé d'un coup mortel. La douleur que me causa cet événement funeste est une des plus vives que j'aie éprouvée depuis long-tems, et je ne pus retenir mes larmes en voyant passer près de moi la voiture qui renfermait le corps de ce malheureux jeune homme que l'on conduisait chez son père, occupé en ce même moment des préparatifs de son mariage.

N° LXXVIII. — 22 *mai* 1813.

INSTITUTION DES SOURDS-MUETS.

Gratum est, quod patriæ cives populoque dedisti.
JUVÉNAL, Sat. XIV.

La patrie te doit beaucoup pour les nouveaux citoyens que tu lui donnes.

En me promenant vendredi dernier sur le boulevart avec un vieux camarade de régiment, le chevalier Maurice, qui vit habituellement à la campagne, mais qui vient à Paris deux ou trois fois par an, nous nous mîmes à ressasser les souvenirs de notre jeunesse : chemin faisant, nous nous rappelions nos anciennes occupations, nos anciens plaisirs, et nous passions en revue les lieux qui en avaient été le théâtre et les personnes qui les avaient partagés. J'étais obligé de convenir que lorsque nous arrivions dans une garnison, c'était toujours lui que nos messieurs chargeaient des découvertes à faire, des renseignemens à prendre et des intrigues à découvrir : dès le lendemain nous étions informés par lui de tout ce qu'il nous importait de savoir ; du nom des plus jolies femmes de la ville, du tarif de la vertu de chaque actrice, de la meilleure table d'hôte, du café le moins bourgeois, et de la promenade la plus fréquentée. « J'aurais pu faire alors, me dit-il en riant, une statistique générale de la France à l'usage des jeunes militaires ; aujourd'hui je me chargerais encore de celle de la capitale, et je parie vous apprendre (à vous-même qui par état devez connaître Paris mieux que personne) une foule de choses que vous ignorez ; » et sur cela le voilà qui me cite les noms de vingt petits spectacles et d'autant de jardins, d'établissemens publics où se donnent des fêtes, et dont en effet je n'avais jamais entendu parler. Pendant qu'il pérorait, en me faisant honte de mon ignorance, nous fûmes assez rudement poussés sur une des contre-allées du boulevart, par une file de cinq ou six hommes qui marchaient très-vîte à la suite les uns des autres, en se tenant par un bâton. Maurice apostropha vivement celui qui l'avait heurté, en lui disant qu'en marchant on devait regarder devant soi. « Je n'y manquerai pas quand j'aurai des yeux, » répondit cet homme en poursuivant son chemin. « Ils sont aveugles ! s'écria le chevalier avec l'étonnement d'un homme qui croit avoir fait une découverte. — Je vois, lui dis-je, que les objets d'agrément vous sont plus familiers que les établissemens d'utilité publique, et je parierais à mon tour que vous ne savez seulement pas dans quel quartier de Paris se trouve l'hospice des *Quinze-Vingts ?* » Il en fit l'aveu, et ne revenait pas de sa surprise en apprenant que ces malheureux sortaient tous les jours de leur hospice, situé dans le fond du faubourg Saint-Antoine, traversaient Paris pour aller au Palais-Royal faire de la musique au café des Aveugles, et retournaient chez eux à minuit sans guide et sans accident. Le chevalier se récria sur le phénomène d'un pareil instinct, et son étonnement fut au comble lorsque je lui fis voir à quelques pas de là, sur le même boulevart où nous nous promenions, deux aveugles jouant au piquet avec autant d'assurance, et presqu'aussi vîte que deux habitués du *Cercle*. « Vous ne voyez là (dis-je à Maurice, pour calmer une admiration dont il est quelquefois prodigue), vous ne voyez là qu'un prodige d'adresse; je veux vous en faire voir un qui paraît, au premier coup-d'œil, excéder les bornes de l'intelligence humaine, » et je lui parlai de l'*Institution des Sourds-Muets*. Comme il révoquait en doute des faits dont sa raison ne pouvait lui rendre compte, je lui offris le moyen de se convaincre par ses yeux, en m'accompagnant le lendemain samedi à la séance publique pour laquelle j'avais des billets. Il accepta avec empressement. Le jour suivant à onze heures, il vint me prendre avec sa sœur et sa nièce, qui voulurent être de la partie.

Pendant la route, ces dames m'interrogèrent sur l'origine de l'Institution des Sourds-Muets de naissance; je ne pus leur donner que des renseignemens fort incomplets. « L'idée sublime de rendre à la société des êtres que la nature semblait en avoir exclus; de suppléer par l'éducation aux organes de l'ouïe et de la parole qui leur manquent, avant d'avoir été fécondée dans la tête, ou plutôt dans le cœur de notre célèbre abbé de l'Epée, avait été entrevue à différentes époques par un moine espagnol nommé Ponce, par le mathématicien anglais Wallis, et par Amman, médecin de Harlem; mais l'honneur de cette admirable invention n'en doit pas moins rester à celui qui perfectionna les faibles essais de ses prédécesseurs, qui les réunit en corps de doctrine, et qui (semblable à Vincent de Paul, cet autre bienfaiteur de l'humanité) consacra sa vie et sa fortune à fonder un des établissemens les plus utiles dont s'honore la France. Espérons que la reconnaissance publique ne laissera point oublier à la postérité que l'abbé de l'Epée, sans place, sans abbaye, sans protection, sans autre secours que son propre patrimoine, qui ne s'élevait pas à douze mille livres de rente, entretint chez lui quarante élèves sourds-muets; qu'il s'imposa pour eux les plus longues et les plus pénibles privations, et que pendant le rigoureux hiver de 1788, il se passait du bois et des vêtemens dont il avait besoin, pour que ses pensionnaires ne manquassent de rien. Tant de soins et de sacrifices eussent été infailliblement perdus, si l'abbé de l'Epée, dont la perte semblait irréparable, n'eût trouvé dans son successeur un héritier de ses talens et de ses vertus. M. l'abbé Sicard, instituteur actuel des sourds-muets, a complété l'ouvrage de l'abbé de l'Epée; il a déduit toutes les conséquences d'un système d'éducation dont celui-ci avait posé les principes; et telle est la perfection de la méthode employée par M. l'abbé Sicard, qu'on est quelquefois tenté de croire qu'au lieu de chercher un dédommagement aux organes dont la nature a privé ses élèves, il s'applique à développer en eux un sens intellectuel qui manque aux autres hommes; j'en donnerais pour preuve quelques-unes des réponses les plus connues de Massieu, qui définit les sens *des porte-idées;* l'éternité, *un jour sans hier ni demain;* la reconnaissance, *la mémoire du cœur*, etc.

Mais tout en causant, nous avons monté la rue Saint-Jacques, et nous arrivons à l'ancien séminaire Saint-Magloire, où se trouve aujourd'hui l'*Institution nationale des Sourds-Muets*. Une bonne grosse concierge, envers qui la nature s'est montrée un peu trop libérale de ce don de la parole qu'elle a refusé aux autres habitans de cette maison, nous a indiqué la salle des séances, à l'extrémité d'une vaste cour autour de laquelle de brillantes voitures étaient rangées. La salle était déjà remplie : les premières banquettes sont occupées par des femmes élégantes et par un assez grand nombre d'étrangers de marque; le reste de l'assemblée se compose de savans, d'hommes de lettres, d'écoliers qui viennent faire un cours de physiologie morale sous cet habile professeur; de quelques maîtres et maîtresses de pension qui se rendent à ses leçons pour apprendre l'orthographe, et se corriger des fautes qu'ils ont enseignées la veille.

Les jeunes sourds-muets des deux sexes arrivent et se placent sur leurs bancs : ceux qui sont désignés pour répondre se rangent sur une espèce d'amphithéâtre, dont le fond est garni d'une planche noire destinée aux démonstrations. Tandis que ces jeunes gens occupent l'attention des spectateurs, ceux-ci sont à leur tour l'objet de leurs observations, qu'ils se communiquent d'un bout à l'autre de la salle d'une manière moins bruyante, mais tout aussi rapide : leur figure est si expressive, leur geste si animé, que, sans être initié au mystère de leur langage, on devine aisément l'objet de leur conversation : elle est quelquefois si gaie, si épigrammatique, que leurs surveillans sont obligés de leur imposer le silence de l'inaction. Leur critique, plus enjouée que maligne, s'exerce particulièrement sur les femmes dont la taille, la figure, le maintien sont tour-à-tour discutés et jugés à leur petit tribunal. La nièce et la sœur de Maurice n'échappèrent pas à cet examen : elles étaient placées de manière à n'être vues que d'un seul élève, qui se chargea d'en faire le portrait à ses camarades. La jolie figure de la jeune personne, son air modeste, et jusqu'à son extrême fraîcheur, furent exprimés d'une manière si pittoresque, que l'aimable modèle, à qui l'action du peintre n'avait pas échappé, rougit tout-à-la-fois de pudeur et de plaisir. Les muets interlocuteurs interrogèrent ensuite le même jeune homme sur la mère de celle dont il venait de leur faire un si charmant portrait ; il la leur dépeignit par des gestes si comiques, il indiqua si plaisamment la courbe de son nez de perroquet que son menton est au moment de rejoindre, que tous les yeux se portèrent sur cette bonne dame, qui riait elle-même d'une grimace où elle était loin de se reconnaître.

Dans le nombre des femmes les plus élégantes qui se trouvent à ces assemblées, on distingue aisément à l'expression de leurs regards incessamment fixés sur l'amphithéâtre, celles qu'un intérêt maternel y attire. Il arrive plus d'une fois que, sans égard à la règle établie, quelques petits muets quittent furtivement leur place pour venir embrasser leur mère ou leur sœur qu'ils ont aperçues dans la salle; mais midi sonne, le savant instituteur paraît avec Massieu son principal élève et son suppléant; tout rentre dans l'ordre, les exercices commencent, et l'attention générale est aussitôt captivée.

La première partie de la séance est consacrée à des questions grammaticales que M. l'abbé Sicard développe pour l'instruction de ses auditeurs, et dont la solution est donnée par ses élèves avec une clarté, avec une précision qui feraient honneur aux grammairiens les plus instruits. Pour peu qu'on réfléchisse à ce qu'il a fallu d'efforts, de patience et de combinaisons pour faire entrer tant d'idées abstraites dans la tête de ces enfans, sans le secours de la parole, et par la seule entremise des yeux, il est impossible de n'être pas saisi de la plus profonde admiration. Ce sentiment augmente encore, lorsque, passant de la grammaire à la métaphysique, on *entend* des sourds-muets de naissance analyser la pensée humaine par des procédés dont ils ont dû créer jusques à l'expression. Entre beaucoup de réponses d'une admirable sagacité, je choisis celles que Massieu et Leclerc, les deux plus forts élèves de M. Sicard, m'ont faites à moi-même : je leur demandai « quelle différence il y avait entre le désir et l'espérance ? »

MASSIEU.

Le désir est un arbre en feuilles ; l'espérance un arbre en fleurs ; la jouissance un arbre en fruits.

LECLERC.

Le désir est une inclination du cœur ; l'espérance une confiance de l'esprit.

Je ne sais si je me trompe, mais il me semble que cette dernière définition mériterait d'être remarquée dans un chapitre de Locke ou de Condillac. C'est par des exemples semblables que M. l'abbé Sicard parvient à démontrer que non-seulement toutes les nuances du langage *parlé* sont appréciables pour les sourds-muets, mais que leur langue, que l'on peut appeler la langue des idées, est véritablement plus riche que la nôtre, puisqu'on ne peut nier qu'un homme doué d'une imagination vive et d'un esprit étendu n'enfante plus d'idées qu'il ne trouve d'expressions pour les rendre.

Pour terminer la séance, M. Massieu dicta au jeune Leclerc le discours prononcé par M. Ledieu sur la tombe de l'abbé Delille. Ses gestes étaient si distincts et si rapides tout-à-la-fois, que ce discours se trouva écrit aussi vîte, sous la dictée des gestes, qu'il aurait pu l'être sous la dictée des sons. Aux signes de Massieu pour dépeindre le grand poète français, Leclerc avait d'abord écrit *Virgile;* mais sur l'observation qui lui fut faite, il écrivit *Delille* au-dessous, et joignit les deux noms par une même accolade.

Des acclamations générales, parmi lesquelles se faisaient remarquer celles que l'enthousiasme arrachait à mon vieil ami, prouvèrent au célèbre instituteur tout le prix que l'on mettait à ses utiles travaux, et l'extrême intérêt que l'on portait à ses élèves. M. l'abbé Sicard saisit cet instant pour apprendre à l'assemblée « qu'il existe en France deux mille sourds-muets, indépendamment des trois cents admis dans l'établissement confié à ses soins; que parmi ceux-là, plusieurs se trouvant hors d'état de payer leur pension, quelque modique qu'elle soit, un tronc a été placé à la porte de la salle des séances pour recevoir les pieuses offrandes des personnes qui peuvent apprécier le bienfait de l'éducation dans une pareille infortune. » Ce fut pour moi une bien douce observation à faire, que celle de l'empressement que chacun mit à acquitter cette dette de la bienfaisance; mais j'avais tout lieu de croire que les femmes qui ne portent plus ni poches ni argent, auraient le chagrin de ne prendre aucune part à cette bonne action; je m'étais trompé : j'en ai vu plusieurs (obéissant à un de ces mouvemens spontanés de l'ame qui les inspirent ordinairement si bien) détacher leurs boucles d'oreilles, leurs bagues, leurs colliers, et jusqu'à la chaîne de la lorgnette qu'une d'elles portait au cou, pour les jeter dans la caisse de ces malheureux sourds-muets. Plus je vis, et plus je suis convaincu qu'à tout prendre, les hommes, et sur-tout les femmes, valent mieux que certains moralistes chagrins ne voudraient nous le faire croire.

N° LXXIX. — 29 *mai* 1813.

UNE MAISON DE LA RUE DES ARCIS.

—

Nil habet infelix paupertas durius in se
Quam quod ridiculos homines facit.

JUVÉNAL, Sat. 3.

La pauvreté nous expose à la risée des sots ; c'est peut-être ce qu'elle a de plus insupportable.

Reconnais donc, Antoine, et conclus avec moi
Que la pauvreté mâle, active et vigilante,
Est, parmi les travaux, moins lasse et plus contente
Que la richesse oisive au sein des voluptés.

BOILEAU, Epît.

J'AI déjà consigné quelque part une remarque assez piquante de l'auteur des *Essais sur Paris* : il observe qu'au moment où il écrit (en 1750) son procureur se trouve logé trop à l'étroit dans l'hôtel du chancelier Duprat, et que la femme de son libraire fait ses couches dans la salle de bain de Gabrielle d'Estrées. Il est fâcheux qu'après avoir entrevu cette manière originale et féconde de traiter son sujet, Saint-Foix l'ait abandonnée pour se jeter dans les dissertations sans fin sur la *métempsycose*, sur *le culte des Indiens lingamistes*, sur *la morale des Mahométans*, toutes choses qui n'ont rien de commun avec le Pont-au-Change et la Place-Royale. Ce serait, il me semble, une histoire de Paris bien curieuse et bien philosophique que celle qui nous montrerait les principaux monumens de cette grande ville comme autant de théâtres dont le tems renouvelle sans cesse les décorations et les acteurs : ce tableau, dont la fidélité devrait être le principal mérite, et qui exigerait de profondes recherches, donnerait lieu à de bien singuliers contrastes, à des rapprochemens bien bizarres. A une époque où tant d'édifices s'élèvent sur des débris, où tant de palais remplacent des masures, et changent pour ainsi dire la physionomie de cette reine des cités, je voudrais qu'on trouvât le moyen de conserver les traces respectables que la gloire a laissées sur ces ruines; je voudrais qu'on ne pût faire un pas sans qu'une inscription bien constatée, bien ostensible, indiquât le lieu où s'est passé un grand événement, la place qu'occupait la maison d'un personnage illustre, l'endroit où reposent les cendres d'un grand-homme. Quelques-unes de ces recherches ont été faites, mais aucun ouvrage ne les a encore recueillies. Il est honteux de penser que les quatre-vingt-dix-neuf centièmes des Parisiens ignorent, en traversant chaque jour la cour de la Sainte - Chapelle, que Boileau, dans sa jeunesse, habitait une mansarde dans son enceinte; que Racine avait son logement dans la rue des Maçons, sur l'emplacement où se trouve aujourd'hui la maison n° 17. Grâce à Saint-Evremont, qui l'a si bien désignée, quelques personnes trouveraient encore l'adresse de Ninon, rue des Tournelles; mais il en est bien peu qui pussent indiquer à un étranger l'hôtel de la rue de Bétizy, où l'amiral Coligny fut assassiné, et cet autre hôtel de Carnavalet, que Mme de Sévigné a rendu si célèbre, et qui se voit encore dans la rue Culture-Sainte-Catherine, au n° 27, tout près de l'endroit où le connétable de Clisson fut assailli par les assassins soudoyés par Pierre de Craon. Combien de rapprochemens curieux à faire en examinant les changemens que les mêmes lieux ont éprouvés ! Les habitués du *Tivoli d'hiver* ne soupçonnent pas qu'ils dansent dans la maison où mourut Jeanne d'Albret, mère du *bon roi;* un commis des droits réunis ne serait peut-être pas fâché de savoir qu'il vise aujourd'hui des bordereaux de tabac dans la salle à manger du connétable Anne de Montmorency ; et cette marchande de poissons rirait de meilleur cœur le dimanche en allant voir *le Médecin malgré lui*, si elle savait qu'elle est établie au marché Saint-Joseph, sur la place même où Molière fut enterré. L'exemple a été donné par M. Cailhava : on doit à cet académicien le buste et l'inscription qui consacrent la maison sous les piliers des halles, où est né l'immortel auteur du *Tartufe* et du *Misantrope.* Pour faire revivre ou pour conserver tant de souvenirs précieux, dont la tradition se perd tous les jours, il serait à souhaiter que des hommes instruits, ayant le caractère d'officiers publics, fussent autorisés à prendre connaissance des titres originaux de toutes les propriétés particulières : je suis assuré qu'il n'est pas une masure dans cette vaste capitale où l'on ne fît quelque découverte plus ou moins intéressante. Voici sur quoi je fonde mon opinion.

Quand on vit long-tems, il faut bien qu'on hérite de quelqu'un ; j'ai donc hérité, il y a deux ou trois ans, d'une très-vieille maison dans la rue des Arcis, dont les titres de propriété m'ont été remis dans une cassette que j'ai eu dernièrement l'occasion d'ouvrir à propos d'une discussion sur un mur mitoyen. Parmi tout ce fatras de paperasses poudreuses et jaunies par le tems, j'ai trouvé plusieurs contrats de vente, au moyen desquels j'ai pu faire connaissance avec tous les propriétaires mes prédécesseurs. Le plus ancien est un Nicolas Rondelet, argentier du roi Charles V, lequel m'apprend que la rue des Arcis, qui s'appelait de son tems *rue des Assiz*, s'était appelée antérieurement *vicus de Arsionibus*, et qu'on lui avait donné ce nom, parce que les maisons en furent brûlées par les Normands en 886. (Autant vaut cette étymologie que celle du sieur de Launoy, qui fait venir le nom des Assiz, des Assyriens, qui trafiquaient, dit-il, à Paris; Dieu sait à quelle époque !) Quoi qu'il en soit, l'argentier Rondelet vendit en 1395 *notre* maison à Jean de Rieux, maréchal de France ; elle atteignit à cette époque l'apogée de sa gloire, et resta dans cette famille sous le nom d'*hôtel de Rieux*, jusqu'en 1588, qu'elle fut achetée par un capitaine espagnol, domicilié à Paris à l'époque de la Ligue : ce noble castillan fut tué dans une rencontre avec l'armée royale, et la maison fut vendue à un écuyer de Mme de Montpensier, dont la veuve la donna par contrat à un jeune sergent du roi Louis XIII, qui la vendit à un juif de Francfort pour payer ses équipages de guerre. Elle fut achetée ensuite par un bourgeois de Paris qui comptait dans sa famille deux cents ans d'échevinage, en vertu duquel titre se croyant obligé de prendre parti dans la guerre de la Fronde, un matin après avoir déjeûné en famille, il prit son mousquet à mèche, et alla se faire tuer par hasard le 2 juillet 1652 au combat du faubourg Saint-Antoine. La Porte, valet-de-chambre de Louis XIV, acheta cette maison des enfans du belliqueux échevin ; il y demeura plusieurs années, et la donna en dot à sa fille, laquelle épousa un auditeur des comptes, qui la vendit pour en acheter une autre au Marais ; alors le quartier du beau monde. A l'époque du système, notre maison en trois mois changea quatre fois de maître, et resta définitivement à une de mes grand'tantes, dont le dernier des fils me l'a laissée en mourant.

Depuis le tems que je suis en possession de cette vénérable masure, il ne m'était pas venu dans la tête d'en faire la visite : j'avais un *principal locataire* sur les soins duquel je m'en reposais. C'est une véritable profession à Paris, que cet état de principal locataire. Plus de trois mille individus qui n'ont ici d'autre moyen d'existence que de s'interposer entre le propriétaire et les locataires d'une maison, se font de cette industrie un revenu souvent considérable. Mon principal locataire, tout procureur qu'il avait été, ne trouvait guère que son propre loyer à gagner sur le marché de 1800 fr. que nous avions fait ensemble pour la location générale. Sa mort a été pour moi une source de tribulations : depuis six mois, je n'entends parler que de loyers arriérés, de congés, de portes et fenêtres; les revenus de la maison ne suffisent plus aux dépenses qu'elle me cause : aujourd'hui c'est l'huissier qui vient me demander de l'argent pour poursuivre un locataire en retard; hier c'était le vitrier dont il fallait acquitter le mémoire; demain ce sera un pauvre diable qui est logé dans une mansarde, à qui j'ai été forcé de donner congé parce qu'il ne payait pas, et qui ne sortira qu'autant que je lui prêterai quelqu'argent pour déménager. Dans ce dédale d'insipides affaires, où je n'entends rien, où j'aurai bien de la peine à jamais rien entendre, combien j'admire l'esprit d'ordre et de fermeté du défunt, qui déployait à coup sûr, dans l'administration de trois maisons de la rue des Arcis (car il était aussi principal locataire des deux maisons voisines de la mienne), plus de talent, plus de calculs qu'il n'en faut pour administrer une province!

Bien convaincu que je n'avais d'autre moyen, pour ne pas me ruiner en devenant propriétaire, que de prendre connaissance par moi-même des charges et des bénéfices de ma propriété, je me suis enfin décidé à parcourir ma maison de la cave au grenier, et à rendre visite à chacun de mes locataires. Escorté d'un procureur et d'un architecte, je suis monté en fiacre un des jours de la semaine dernière, et j'ai pris le chemin de la rue des Arcis.

Rien de moins imposant que la façade de cette antique habitation d'un maréchal de France. Une porte d'allée bien étroite, et les deux petites boutiques dont elle est flanquée, ont été visiblement prises sur la largeur d'une porte-cochère dont on reconnaît encore le cadre et les gothiques ornemens. La boutique de droite est occupée par un marchand de vin, et celle de gauche par une fruitière. L'arrivée d'un fiacre devant cette porte, où probablement de mémoire d'homme jamais voiture ne s'était arrêtée, produisit dans la maison une sensation qui s'augmenta encore quand on sut que cette voiture amenait le propriétaire. La portière, pour se donner un air de propreté que démentait trop évidemment sa présence, vint me recevoir, un balai à la main. La fruitière et le marchand de vin accoururent, celui-ci pour m'engager à venir visiter sa cave dont la voûte était lézardée, et l'autre en me priant de lui faire faire une soupente, dont elle a besoin pour loger quatre de ses plus jeunes enfans.

J'entrai d'abord chez le marchand de vin, où je trouvai plusieurs commissionnaires et quelques maçons assis autour d'une table, et déjeûnant de bon appétit avec un morceau de pain de ménage, du fromage, des œufs rouges et quelques litres d'un petit vin clairet. Le marchand de vin et la fruitière s'entr'aident ainsi réciproquement : le vin de l'un fait vendre les œufs et le fromage de Marolles de la voisine, qui lui envoie à son tour ses pratiques. Après avoir reçu les salutations du marchand de vin, de sa famille, et de deux ou trois cochers de fiacre qui buvaient un verre d'eau-de-vie sur le comptoir, j'envoyai l'architecte visiter la cave et régler le devis des réparations. Pendant ce tems-là, j'entrai dans un petit trou obscur, décoré du nom de chambre, et j'interrogeai la portière sur la situation physique et morale de tous les locataires de la maison.

De tous les moyens honnêtes que peut employer un curieux (qui n'a pas un *Diable Boiteux* à ses ordres) pour se mettre promptement au fait des nouvelles d'un quartier de Paris, une portière intelligente et bavarde est incontestablement le plus commode et le plus sûr. On n'imagine pas à quel point cette classe de domestiques porte le talent de l'observation, et le parti que l'on peut tirer de leur désœuvrement. A force d'adresse et de précautions, des amans peuvent espérer de dérober leur liaison à la surveillance d'une mère, à la jalousie d'un époux; des débiteurs peuvent cacher long-tems à leurs créanciers le dérangement de leur fortune; mais ni les uns ni les autres ne doivent se flatter d'échapper à la pénétration d'une portière qui possède à un certain degré le génie de son état. La mienne est un modèle achevé dans son espèce. Sa loge est le rendez-vous de toutes les commères des environs, depuis le Pont-au-Change jusqu'à la rue des Lombards, et il n'est pas une servante, pas une bonne d'enfant qui, le matin en allant acheter son lait, ne s'arrête un moment pour jaser avec la mère *Potin*; aussi ne se passe-t-il pas le plus petit événement dans le quartier dont elle ne soit la première instruite, et qu'elle ne soit prête à vous raconter dans les moindres détails. J'avais une belle occasion pour mettre sa bonne volonté à l'épreuve; je ne l'employai cette fois qu'à me procurer des renseignemens sur mes locataires; je pourrai quelque jour en tirer un plus grand parti.

Le premier étage de ma maison, honoré jadis par les pas de Mme *l'Argentière* et de Mme *la Maréchale*, est occupé maintenant par une couturière. Au moment où j'entrai, douze jeunes filles rangées autour d'une table travaillaient, en chantant, sous les yeux de leur maîtresse : celle-ci me fit passer dans une chambre dont les meubles de noyer, enduits d'un vernis de cire jaune, étendu avec un morceau de flanelle, tiraient de leur propreté un air d'aisance et de bien-être que la richesse ne donne pas toujours. Mlle Bobinet (c'est le nom de la couturière en chef) me demanda une diminution de loyer, tout simplement pour ne pas déroger à l'usage, et me porta plainte à propos d'une cheminée qui fumait et d'un plomb du quatrième qui l'incommodait au passage. Je pris note de ses réclamations, et je traversai de nouveau pour sortir l'atelier des jeunes ouvrières, dont ma présence avait suspendu les chansons. La portière m'avait appris que Mlle Bobinet était une des couturières les plus renommées de l'arrondissement, et qu'il n'y avait pas une confiseuse de la rue des Lombards, pas une épicière de la rue de la Verrerie, qui ne voulussent avoir une robe ou un canezou de sa façon. Mlle Bobinet, dont une trentaine d'années avait augmenté l'embonpoint sans altérer la fraîcheur, avait perdu sa mère depuis six mois : elle n'attendait que l'expiration de son deuil pour épouser un garçon de bureau de la caisse d'amortissement, qui, depuis deux ans qu'il lui faisait la cour, n'avait jamais manqué un seul dimanche de la mener dîner à la *Chaumière* et danser aux *Grands-Marronniers*, sans que la réputation de Mlle Bobinet en ait reçu la plus légère atteinte.

L'autre partie du premier étage est occupée par un teinturier dont la femme vint au-devant de moi, et noya dans un déluge de paroles une réclamation futile, qui n'avait d'autre but que de détourner la conversation, que mon procureur s'efforçait en vain de ramener sur trois termes échus, dont la dame ne tenait aucun compte. Pendant qu'elle parlait, son mari, en bonnet de coton bleu, et les bras nus de la même couleur, remuait dans une chaudière une décoction de garance pour teindre un tissu de laine de mérinos, en façon de cachemire. Les exhalaisons de la chaudière n'étaient rien moins qu'agréables ; je les supportais avec peine ; le malin teinturier s'en aperçut, et trouva le moyen, en remuant sa lessive avec une nouvelle ardeur, de m'empêcher de prendre part à la discussion. Je laissai le procureur aux prises avec le teinturier, et je montai au second.

Les deux principaux locataires de cet étage, qui se compose de quatre chambres, sont un bottier allemand et un facteur d'instrumens prussien. Liés d'une amitié très-étroite, ils passent une partie de la semaine à travailler, et l'autre à se griser ensemble. Pendant que je m'expliquais avec eux sur une porte de communication qu'ils voulaient faire ouvrir, un musicien du bal du carré Saint-Martin vint réclamer une basse qu'il avait donnée à raccommoder. On la descendit du haut d'une vieille armoire où elle était reléguée depuis trois mois, à la grande satisfaction d'une famille de souris qui avait élu son domicile dans l'intérieur de l'instrument, et qui évacua la place à la première sommation, avec une célérité tout-à-fait risible. Le propriétaire de la basse ne trouva pas la chose aussi plaisante qu'elle nous le parut, et commença avec le garçon luthier une dispute qui se termina chez le commissaire de police.

Sur le même palier loge un employé au Port-aux-Vins, mari d'une marchande de marée du marché des Innocens. Chacun d'eux, lors de ma visite, était à son poste, et la maison était confiée à leur fille aînée, âgée de douze ans : quatre petits marmots assis par terre autour d'une vaste terrine, mangeaient gaîment une soupe, ou plutôt une pâtée de pommes-de-terre, tandis que leur sœur, qui savonnait dans un coin, veillait sur eux avec toute la tendresse et toute l'autorité d'une mère. Je m'amusai quelques momens à considérer cette scène domestique, digne du pinceau de Greuze; la mère rentra, me salua avec une politesse franche et brusque, et après avoir caressé ses enfans à sa manière, en leur donnant à chacun une longue *tartine* de raisiné de Bourgogne, elle vint à moi, me parla de la *durată* des tems, d'une maladie à laquelle son mari était sujet, de la banqueroute que lui avait fait essuyer une grosse maison qu'elle fournissait, et finit par obtenir de moi, contre l'avis de mon conseil, une diminution sur le nouveau bail que je consentis à lui passer.

Des scènes d'un autre genre m'attendaient au troisième, où j'ai pour locataire des gens qui n'étaient certainement pas destinés à se rencontrer au même étage : l'un de ces deux ménages est celui d'un *modeleur* de figure en plâtre ; il *tamisait* au moment où nous entrâmes, et la porte ne fut pas plutôt ouverte, que nous nous trouvâmes enveloppés d'un nuage de poussière blanche qui nous prit à la gorge, et changea dans un moment l'habit de mon procureur, de noir qu'il était, en gris *de souris effrayée*. A travers ce nuage d'albâtre, nous découvrîmes au fond de la chambre, à-peu-près comme on représente les ombres de l'Opéra, deux enfans qui remuaient des tamis de soie, tandis que leur mère broyait à grands coups de maillet des pierres de plâtre sur le plancher. La portière en prit occasion de motiver le congé qu'elle avait donné en mon nom à des locataires incommodes qui dégradaient la maison, et dont tous les voisins se plaignaient amèrement. Ces plaintes devinrent l'occasion d'un assaut d'invectives entre la portière et le modeleur, dont les voix également glapissantes se mêlaient aux quintes de toux qu'excitaient les torrens de poussière qu'ils aspiraient en criant. Celui-ci, son ébauchoir à la main, se tuait à nous dire en mauvais français, « qu'il était un artiste *estimable*, natif *di Bologna*, élève de Canova (dont il est probable qu'il n'a jamais aiguisé que le ciseau). » A force de gestes, le Bolonais arriva tout près du nez de l'irascible portière; celle-ci se mit à s'escrimer avec son manche à balai, non sans causer de notables dommages aux bustes de Cicéron et de Démosthènes; la femme et les enfans du *gâcheux*, pour venger l'outrage fait à leur père dans la personne des orateurs grec et romain, firent voler à la tête de la dame portière quelques débris de l'*Apollon* et du *Gladiateur;* Dieu sait où le dégât se fût arrêté, si mon procureur, que les deux partis prenaient à témoin, ne fût parvenu à mettre le holà. La portière voulait qu'on dressât procès-verbal des coups qu'elle aurait pu recevoir, et le modeleur qu'on lui payât ses plâtres cassés : ce dont il ne se départit pas, et qu'il s'efforça de me prouver dans son baragouin, c'est que le génie dans la patrie des arts ne devait pas être assujéti à payer son terme; qu'il n'avait pas de quoi payer le sien, et qu'il ne s'en irait qu'autant que je lui prêterais soixante francs pour déménager. « Vous ne perdrez rien avec moi, ajouta-t-il fièrement, car je m'engage à m'acquitter avant six mois, en faisant votre buste en terre cuite pour l'exposition prochaine, et d'après un procédé nouveau que j'inventerai sous peu. » Qu'avais-je de mieux à faire que d'accepter sa proposition? Quand j'aurais fait vendre par autorité de justice tout ce qu'il possédait (sans en excepter cet *abbé de plâtre* qu'il expose depuis six ans au coin de la rue Saint-Florentin), je n'aurais pas eu de quoi me rembourser des frais de la saisie, et je n'aurais pas la chance de me voir quelque jour parodié au *Salon*, aussi agréablement que je l'ai été au Vaudeville.

La portière, à qui je sus par la suite bon gré de cette attention, m'engagea tout bas à entrer seul chez les personnes qui occupaient le dernier logement de quelque importance qui me restait à voir. Je fus d'abord prévenu par un air de propreté extérieure auquel mes autres locataires ne m'avaient pas préparé : la petite porte peinte en gris, le tapis de paille, l'ardoise encadrée sur laquelle on pouvait écrire, la sonnette à pied de biche, tous ces objets me semblaient de bon augure. Je sonnai : une voix très-douce demanda : *Qui est là ?* Je me nommai, on ouvrit. Si j'avais eu seulement une quarantaine d'années de moins, j'aurais probablement été frappé d'un de ces coups de foudre auxquels les héros de roman n'échappent jamais à la vue d'une jeune fille de quinze ans qui vint me recevoir, et dont le maintien modeste et la figure ravissante commandent l'admiration. Grâces au paratonnerre dont le tems m'a pourvu, j'en fus quitte pour la plus agréable surprise, et je ne balbutiai pas en priant cette jeune personne de me faire parler à sa mère. Elle me laissa dans la première pièce, en me prévenant qu'elle allait l'avertir.

La salle où je me trouvais était la plus grande de ce logement, composé de trois pièces. Il était aisé de voir à la manière dont elle était meublée, qu'elle servait alternativement d'atelier, de salle à manger et de salon. Un petit poile de faïence, une table ronde sur laquelle étaient rangés des petits morceaux de batiste découpés et des coquilles pleines de couleurs : un piano, une petite bibliothèque portative suspendue dans une encoignure, et quelques vases de fleurs, composaient tout le mobilier de cette chambre, à laquelle l'ordre, le bon goût et le luxe de la propreté donnaient un vernis d'élégance. On dit communément : *Je te dirai qui tu es, dis-moi qui tu hantes ;* on peut dire avec tout autant de certitude : Dis-moi ce que tu lis, je te dirai qui tu es. En examinant la petite bibliothèque de mes aimables locataires, je vis qu'elle contenait le *Petit-Carême*, *Télémaque*, les tragédies de Racine, celles de Voltaire, *la Henriade*, *le Génie du Christianisme*, *Paul et Virginie*, et les romans de Mme Cotin ; j'en conclus, conformément à un système dont j'aurai peut-être un jour l'occasion de développer la théorie, que Mme Dervas (c'est le nom que porte la maîtresse de ce logis) était d'une naissance distinguée ; qu'elle avait une ame forte, sujette à confondre ses sentimens et ses opinions ; qu'elle avait eu de grands malheurs, auxquels l'amour n'était pas étranger, et qu'elle cherchait dans la religion l'aliment de son courage, peut-être même l'excuse de ses erreurs. Si je parviens à vérifier mes conjectures, ce sera pour moi l'occasion d'entretenir une autre fois mes lecteurs de deux personnes auxquelles je puis avouer, sans les compromettre, l'intérêt bien vif que je leur porte.

Mme Dervas parut avec sa fille, et son abord plein de noblesse, de politesse et de réserve, me confirma dans l'opinion que j'en avais prise avant de l'avoir vue. Je lui témoignai beaucoup moins vivement que je ne le sentais, combien je me trouvais heureux de la compter au nombre de mes locataires, et je la priai de me dire ce que je pouvais faire pour lui être agréable en ma qualité de propriétaire de la maison qu'elle habitait. En me remerciant de la manière la plus gracieuse, elle m'annonça avec l'expression du regret l'intention où elle était de donner congé de son logement. Je désirai connaître les motifs de cette résolution, et je fus flatté d'apprendre qu'elle n'en avait point d'autres que l'incommodité de ses voisins : « Ce sont de braves gens, ajouta-t-elle ; mais l'état qu'ils exercent est un peu bruyant, et les fleurs artificielles que nous fabriquons, ma fille et moi, s'arrangent mal avec cette poussière de plâtre que le voisin nous envoie, et qui pénètre par-tout. » Je me hâtai de la prévenir du prochain départ de l'artiste bolonais, et je me laissai emporter par mon zèle jusqu'à m'engager à ne disposer de ce logement qu'en faveur d'un locataire dont le voisinage lui serait agréable.

Après quelques momens de conversation sur l'objet principal de ma visite, j'essayai le plus adroitement qu'il me fut possible, en m'expliquant sur mes propres affaires, de provoquer de la part de Mme. Dervas une confiance qu'elle éloigna avec beaucoup de dignité, sans paraître se méprendre sur l'espèce d'intérêt qui servait d'excuse à mon indiscrétion. Je sortis en lui demandant la permission de la revoir; elle me le fit promettre, et pour en avoir plus souvent l'occasion, je suis homme à me conserver un pied-à-terre dans ma maison de la rue des Arcis.

N° LXXX. — 12 *juin* 1813.

LE DÉPART DE LA CHAINE.

> *Mobilis, et varia est ferme natura malorum;*
> *Cum scelus admittunt, superest constantia; quid fas*
> *Atque nefas, tandem incipiunt sentire, peractis*
> *Criminibus: tamen ad mores natura recurrit*
> *Damnatos, fixa et mutari nescia.*
>
> JUVÉNAL, Sat. 13.

L'incertitude et l'hésitation sont les traits principaux du caractère des méchans; ils n'ont de fermeté qu'au moment de commettre le crime: est-il consommé? la conscience se fait entendre; mais bientôt l'habitude, qu'il n'est plus en leur pouvoir de surmonter, les rend à leurs inclinations perverses.

Il n'est peut-être pas de ville au monde, sans en excepter Pékin et Lahore, où les différentes classes de la population vivent dans un plus grand isolement qu'à Paris, et c'est principalement de cette différence de mœurs et d'habitudes qui fait en quelque sorte de chaque quartier une nation à part, que se compose le caractère général des Parisiens et la physionomie particulière de cette grande cité. Le meilleur, ou plutôt le seul moyen de parvenir à la bien connaître, est donc d'en examiner comme je le fais chaque partie isolément; d'opposer sans cesse les mœurs de la Chaussée-d'Antin à celles de la Courtille; les habitudes du Marais à celles du faubourg Saint-Germain; de visiter alternativement le palais du grand seigneur, l'hôtel du financier, la maison du bourgeois et la masure du pauvre; d'apprendre aux uns ce qui se dit, ce qui se fait chez les autres; d'épier et de signaler les vices, les travers, les ridicules, les vertus même qui les distinguent, et d'établir entr'eux dans mes feuilles un point central de communication. Demandez à telle grande dame ce que c'est qu'une guinguette; à un habitué du café Tortoni, où est situé l'Hôtel-Dieu; à un fort de la Halle, le chemin pour aller au Conservatoire de Musique; à un *tailleur de trente-un*, ce qu'il y a de curieux à voir aux Invalides; à un bourgeois de la rue Chapon, quels sont les jours d'opéra; à un courtier d'épicerie, où l'Institut tient ses séances : aucun d'eux, je le parie, ne vous répondra d'une manière satisfaisante; vous leur parlez d'objets qui n'entrent point dans leur sphère d'activité, et sur lesquels on n'a jamais appelé leur attention.

Un homme d'une naissance illustre et d'un esprit distingué, qui a fait vingt fois dans sa vie le voyage de Fontainebleau, me demandait sérieusement l'autre jour à qui appartient ce grand château qu'on voit à droite sur la hauteur en sortant de Paris par la barrière des Gobelins, et auquel on arrive par une longue et belle avenue couverte? Je lui répondis que ce château avait appartenu il y a quelque cinq ou six cents ans à un évêque anglais qui l'avait fait bâtir; qu'il avait ensuite fait partie du domaine d'un prince de la famille royale, lequel en avait fait don au chapitre de Notre-Dame; que Louis XIII l'avait repris et transformé en hospice pour les militaires infirmes; que depuis l'établissement du magnifique hôtel des Invalides, sous le règne suivant, le château en question était devenu, sous le nom de son premier possesseur Wincester (et par corruption

Vinchester, *Bicestre*, et finalement *Bicêtre*), une maison de force, à laquelle l'opinion attache une telle idée de honte et de flétrissure, qu'on peut avoir passé vingt ans de sa vie dans le grand monde sans l'avoir entendu nommer. Quelques détails dans lesquels j'entrai sur cette prison et ses nombreux habitans, donnèrent à la personne à laquelle je parlais le désir de m'accompagner dans une visite que je me proposais d'y faire à l'époque du départ de *la Chaîne*, qui devait avoir lieu le 30 du mois dernier. Ce triste et pénible spectacle, auquel on donne en d'autres pays une publicité qui n'est peut-être pas sans influence sur la morale publique, m'offrait une abondante récolte d'observations, dont le résultat le plus affligeant est de montrer ce qui reste de l'homme en qui toute idée d'honneur est détruite.

Munis d'une lettre de recommandation pour le concierge, nous montâmes en voiture à sept heures du matin avec M. de N...., en indiquant au cocher, par forme de périphrase, le village de Gentilly pour terme de notre voyage. Les immenses bâtimens, malheureusement confondus sous la même dénomination de *Bicêtre*, ne sont pas uniquement consacrés aux malfaiteurs. Une partie sert d'hospice à des insensés, et une autre de refuge à des vieillards indigens, distingués par le nom de *bons-pauvres*. Peut-être serait-il à souhaiter que la même enceinte ne renfermât pas le crime et le malheur : la société a tant d'intérêt à ne les pas confondre ! Le moment où la prison pouvait nous être ouverte n'étant pas arrivé, nous nous arrêtâmes dans la première enceinte, où trois ou quatre cents de ces vieillards se promenaient paisiblement au soleil. C'est un hasard bien extraordinaire que celui qui me fit rencontrer là M. L***, mon maître de danse, ancien danseur-figurant de l'Opéra, que je me rappelais avoir vu il y a cinquante ans pour la dernière fois dans le ballet des *Elémens*, où il représentait un *Zéphire*, et que je retrouvais parmi les *bons-pauvres*, courbé sur un bâton dont il étayait ses pas chancelans. Quelques mots amenèrent notre reconnaissance, qui n'en fut que plus comique pour n'avoir été ni prévue ni préparée. Ce vieux Zéphire me raconta son histoire en peu de mots ; c'est celle de beaucoup d'honnêtes libertins. « La passion des femmes l'avait conduit à celle du jeu : obligé par de bonnes raisons de renoncer à l'une et à l'autre, il avait cherché dans le vin une distraction dont il s'était fait une malheureuse habitude : lorsque l'âge ne lui permit plus de figurer au milieu des *Nymphes*, parmi les *Jeux*, les *Ris* et les *Plaisirs*, on lui donna pour retraite un petit emploi d'inspecteur de contre-marques; mais pour le remplir, il fallait sortir du cabaret, et souvent il en avait encore le courage qu'il n'en avait plus la force; enfin il perdit sa place, et ne se plaindrait pas de celle qu'il a trouvée dans cet asile, s'il avait un crédit mieux établi chez le cantinier. » C'était m'indiquer le dernier service qu'il attendait de moi, et je m'empressai de le lui rendre.

Tous les genres de défauts et de malheurs sont réunis dans cette première enceinte, qu'on peut regarder comme le vestibule de celle où nous allions entrer, dans laquelle sont entassés tous les genres de crimes et de misères. Nous nous présentâmes à la porte fatale, elle nous fut ouverte. M. P*******, concierge de ce terrible château, est un fort bel homme, dont la physionomie mobile prend alternativement le caractère de la franchise, de la fermeté et de la rudesse. Il m'a paru posséder à un très-haut degré toutes les qualités de sa place. Un bonnet de police de drap vert, décoré d'une broderie en argent, et placé avec intention sur l'oreille gauche, lui donne l'air imposant qui convient à son ministère : élevé dès l'enfance pour les fonctions qu'il remplit, il a contracté des manières qui tiennent à-la-fois du geolier et de l'administrateur. L'accueil plein de cordialité qu'il nous fit, semblait naître du plaisir qu'il éprouve à voir de tems en tems la figure d'un honnête homme. Deux guichetiers ouvrirent et refermèrent sur nous deux portes énormes, et nous entrâmes au greffe, où M. P***** nous pria d'attendre le moment où l'opération de river les fers devait commencer. « *Messieurs* (nous dit-il avec un air de satisfaction), *vous êtes venus au bon moment : nous n'en expédions aujourd'hui que soixante-dix-huit ; mais ils sont tous* EXCELLENS. » Je compris qu'*excellens* était là pour *exécrables*. Il y a dans tous les états un langage de convention qu'il faut d'abord entendre. Nous employâmes le tems que nous passâmes au greffe à faire l'achat de quelques petits ouvrages en paille exécutés par les détenus avec une rare perfection, et à examiner de nombreux registres rangés par ordre alphabétique, et sur lesquels étaient inscrits les écrous de tous les prisonniers depuis l'année 1778. La vue de ces tables de forfaits, de ces listes de tant de criminels, la honte et le rebut de la société, fit naître à mon compagnon de voyage l'idée d'un rapprochement, ou plutôt d'un contraste bien philosophique entre ces hideuses annales et ces brillantes archives de Cherin, où se trouvaient déposés, dans des registres semblables pour la forme et pour la distribution, tous les hauts faits de la noblesse et toute l'illustration de la nation française.

Un détachement de soldats, qui traversa le greffe, nous avertit que le *ferrement* allait commencer. Le concierge vint nous prévenir, et après avoir passé les guichets des *galbanons*, nous entrâmes dans une vaste cour intérieure, où se trouvaient déjà réunis les officiers publics chargés par état de présider à cette triste exécution.

Je ne pus me défendre d'un mouvement de terreur en pénétrant dans cette cour, fermée de tous côtés par de hautes murailles percées de fenêtres grillées, où se pressaient une foule de malheureux avides d'un spectacle qu'eux-mêmes dans quelques jours peut-être devaient offrir à d'autres. De lourdes chaînes, des piles de colliers de fer, des boulons, des marteaux, des enclumes étaient disposés par tas au milieu de la cour : quatre ou cinq guichetiers, et autant d'argousins, les bras nus, attendaient les malheureux désignés pour la chaîne, et les regards curieux des assistans se tournaient vers la porte des galbanons par où ils devaient entrer. Le concierge, une liste à la main, donna l'ordre, et les forçats, sortant de leurs cachots, défilèrent devant lui, et vinrent se placer par rang de taille sur deux lignes tracées par les chaînes qui les attendaient. Je ne sais si l'état d'abjection où ces misérables se trouvaient réduits, si les livrées de la misère dont la plupart étaient à demi-vêtus, si la prévention, dont il est si difficile de se défendre en pareil cas, n'ajoutaient pas beaucoup à l'impression que nous fit éprouver leur présence; mais pendant quelques momens nos regards eurent de la peine à se familiariser avec des figures qui semblaient faites, à deux ou trois exceptions près, pour rassurer la conscience des juges les plus timorés. Ovide a eu raison de dire :

Heu! quam difficile est crimen non prodere vultu!

Une autre observation générale dont je fus subitement frappé, c'est que tous ces criminels, un seul excepté, étaient dans la fleur de l'âge, et que plusieurs sortaient à peine de l'adolescence. Je m'abstiens des réflexions amères dont cette remarque pourrait être la source. Celui de ces malheureux qui fixa le premier notre attention était un nommé *Jard*, dont le physique et le moral, également odieux, paraissaient être en harmonie parfaite : ce misérable, dont chaque geste, chaque expression de la figure, chaque mouvement du corps, trahissait le plus profond avilissement, avait paru dès son plus jeune âge sur les bancs des tribunaux, et se targuait hautement aux yeux de ses compagnons de l'ancienneté de son infamie.

Pendant qu'un des officiers chargés de conduire la chaîne me donnait quelques détails sur ce personnage, un autre me faisait remarquer, au milieu de la ligne, un assez bel-homme, d'une trentaine d'années, dont le regard, armé d'impudence, annonçait une ame plus criminelle encore que dégradée : « Cet homme, me dit-il, est le fameux *Victor Desbois*, le plus célèbre des voleurs de premier ordre. Il appartient à une famille d'honnêtes marchands de Bordeaux. Arrivé à Paris, à l'âge de 18 ans, pour y prendre un état, il a d'abord été la dupe de quelques escrocs, dont il est ensuite devenu l'ami, c'est-à-dire le complice, et bientôt le modèle. Un premier vol l'a mis sous la main de la justice : perdu de réputation par une peine infamante, il a trouvé le moyen, en revenant à Paris, d'usurper pendant quelque tems une sorte de considération à l'aide d'un faux nom et des ordres militaires dont il avait l'audace de se montrer décoré. Reconduit aux bagnes, dont il est parvenu quatre fois à s'échapper, un nouveau crime l'y ramène enfin pour le reste de ses jours. Ce même homme, que vous voyez en ce moment réduit au dernier degré d'abjection, habitait, il y a quelques mois, un brillant hôtel, et plus d'une femme galante se disputait l'honneur de sa conquête.

» Son voisin de droite est un malheureux

domestique, qu'une seule faute, après vingt ans d'une conduite irréprochable, a plongé dans cet abîme d'ignominie : son maître, qui l'a dénoncé pour vol, dans un moment de colère, a vainement essayé depuis de faire fléchir en sa faveur l'inflexible sévérité des lois.

» Plus loin, vous voyez un homme dont la figure porte du moins l'empreinte de la douleur et du remords. Impatient de faire fortune dans le commerce, il avait entrepris des spéculations au-dessus de ses forces, et se voyait au moment de faire faillite : croyant prévenir ce malheur, il a eu la fatale imprudence d'altérer des lettres-de-change, dans la seule intention d'en retarder le paiement; et pour échapper au déshonneur, il s'est voué pour jamais à l'infamie...

» Celui qui vient après, est ce jeune *Delzaive*, que son adresse et son audace inconcevables ont mis en si grand renom dans sa bande. Ce malheureux, que la nature a si heureusement doué, à quelques égards, et qui ne pouvait manquer de s'enrichir dans une profession honorable, va finir une vie si indignement commencée dans la misère et l'opprobre.

» Celui-ci, continua mon guide en me montrant un autre jeune homme, que le désordre de son vêtement et l'expression cruelle de son regard distinguaient de tous les autres, est peut-être le plus grand scélérat qui soit jamais entré dans les cachots de Bicêtre : trois fois le glaive de la loi s'est levé pour en faire justice, et toujours quelque circonstance atténuante a sauvé sa vie. C'est une véritable bête féroce; il se nourrirait volontiers de chair humaine, et il n'est pas un prisonnier avec lequel il ait eu dispute, qui ne porte l'empreinte de ses dents. Le dernier crime qui le reconduit aux galères est d'avoir dévoré le sein de sa maîtresse. »

J'allais demander quel était, à l'extrémité de la file, un très-jeune homme d'une figure assez douce, des yeux duquel je voyais s'échapper de grosses larmes, et dont tous les muscles étaient agités de mouvemens convulsifs.... mais l'opération de river les fers était commencée, et celui à qui s'adressaient mes questions m'avait quitté pour exercer sa surveillance. Les forçats, assis par terre, dans l'ordre où ils avaient été disposés, présentaient successivement leur tête à un carcan de fer que l'on rivait à froid par derrière, et qui faisait partie de la chaîne générale où ces misérables devaient rester attachés jusqu'au jour de leur arrivée à Brest. Spectacle terrible, dont on ne peut supporter la vue sans frémir, et dont la publicité, je persiste à le croire, imprimerait au crime naissant cette terreur salutaire qui suffit quelquefois pour en prévenir les progrès.

N° LXXXI. — 7 *novembre* 1812.

LE SALON DE 1812 (1).

PREMIÈRE PROMENADE.

Cuncti adsint, meritæque exspectent præmia palmæ.
VIRG., *Æn.*, lib. V.

Qu'ils se présentent tous et reçoivent le prix qu'ils ont mérité.

C'ÉTAIT, comme chacun sait, un drôle de corps que le marquis de Villette. Voltaire le citait comme un des hommes les plus spirituels de France, et Saint-Georges comme une des plus fortes lames. Pour soutenir cette réputation, le marquis écrivait peu et ne se battait pas; Mme de B*** prétendait que *c'était par méchanceté*. Quoi qu'il en soit, il avait une sorte de facilité à tourner quelques vers, et je me souviens qu'en 1777, on parlait avec éloge dans

(1) *Nous nous sommes vu forcé de répéter à la fin de ce volume cette critique du Salon, qui n'a pu trouver place à la fin du second dont il devait faire partie.*
(*Note de l'Editeur.*)

le grand monde de sa *Critique du Salon*. En voici le début :

Il est au Louvre un galetas
Où, dans un calme solitaire,
Les chauve-souris et les rats
Viennent tenir leur cour plénière :
C'est là qu'Apollon *sur leurs pas*,
Des Beaux-Arts ouvrant la barrière,
Tous les deux ans tient ses états,
Et vient placer son *sanctuaire*.

Il serait difficile de reconnaître, à cette description, ce palais brillant, ces portiques, ces galeries superbes que, de nos jours, la munificence du gouvernement s'est empressée d'ouvrir au génie des arts; mais peut-être quelques-uns des traits suivans trouveraient-ils encore leur application :

. . . .
Des inutiles de haut rang,
Des importans de bas mérite,
Plus d'un Midas en marbre blanc,
Plus d'un grand homme en terre cuite;
Jeunes faquins bien vernissés,
Voilà les héros entassés
Sous *l'hangar* (1) de la Renommée;

(1) Il fallait dire le hangar; l'*h* est nécessairement aspiré.

Et malgré l'ordre et le bon sens,
Tout s'y trouve placé de sorte
Qu'on voit l'abbé Terray dedans
Et que Sully reste à la porte.

Une critique écrite toute entière sur ce ton, ne pouvait être ni bien juste ni bien raisonnable ; mais elle convenait à l'espèce de curieux qui visitaient *le Salon*. Les Expositions dont nous voyons tout Paris occupé, qu'assiége actuellement la foule des amateurs de toutes les classes, étaient jadis une affaire de mode, un moyen de distraction pour le grand monde et pour quelques oisifs qui allaient voir les tableaux après avoir été faire un tour aux Tuileries.

La grande salle, éclairée aujourd'hui par le haut, et qui l'était alors par des croisées latérales, suffisait aux anciennes Expositions, dont la première eut lieu en 1673, et fut composée de cent cinq morceaux de peinture. Mansard, en 1699, obtint du roi que ces concours interrompus fussent repris avec plus de solennité; mais ce ne fut qu'en 1740 que M. Orry, directeur-général des bâtimens, en établit le retour périodique et en régla les conditions.

Le matin, jusqu'à dix heures, les salles sont ouvertes aux artistes et à quelques amateurs privilégiés; depuis dix heures jusqu'à quatre de l'après-midi, tout le monde est admis indistinctement : un jour de la semaine est réservé à la plus brillante compagnie de la capitale; elle s'y rassemble le vendredi depuis midi jusqu'à la chute du jour, pour y goûter le plaisir d'une promenade telle qu'on en chercherait vainement une semblable dans aucun autre pays du monde.

Il en est des Expositions comme des premières représentations théâtrales; ce sont des jours de fêtes pour la critique : trop resserrée dans les bornes de la littérature, elle n'a pas dû perdre une si belle occasion d'étendre son domaine, et quelques réclamations que les artistes aient pu faire, le *Salon* s'est vu forcé, sinon de reconnaître, du moins de subir ses lois. Il n'est pas inutile de remarquer que de quelques milliers de diatribes, de pamphlets, de satires en vers et en prose dont les Expositions ont été l'objet depuis leur établissement, il ne reste aujourd'hui que les petits vers du marquis de Villette (qui auraient pu, sans inconvénient, disparaître avec les autres) ; et *les Observations sur le Salon de Peinture de* 1765, *par Diderot*, très-dignes de l'exception qu'on a faite en leur faveur. Ce petit ouvrage, où l'on retrouve toute l'imagination, toute l'originalité piquante de son auteur, est sur-tout remarquable par la délicatesse du goût et la finesse des aperçus. Ce ne sont point les scolies pédantesques d'un professeur qui disserte sur la grâce et sur la beauté en termes techniques et d'après les règles, mais les observations d'un amateur éclairé qui voit bien ce qu'il regarde, qui ouvre son ame aux effets, s'en laisse pénétrer, et en rend compte à son ami sans s'embarrasser des traités de peinture, des routines d'atelier et des préjugés d'académie.

L'éclat et la pompe dont les Expositions sont maintenant environnées, la magnificence du local, la richesse et la splendeur de notre école, aujourd'hui la première du monde, le goût des beaux-arts universellement répandu, tout contribue à faire de l'ouverture du Salon un événement dans la capitale. Ce n'est plus seulement un plaisir de mode, c'est un goût prononcé pour la peinture qui doit servir à caractériser l'époque où nous vivons, comme l'amour des lettres a signalé le milieu du dernier siècle. Les monumens nouveaux dont chaque jour enrichit la capitale; les chefs-d'œuvre de Rome et de la Grèce, dont nous sommes pour ainsi dire entourés, ont répandu, jusque dans les dernières classes du peuple, le goût du beau, l'amour et le sentiment des arts : de cette habitude de voir et de comparer est résultée une masse de connaissances acquises sans étude, dont l'effet, assez peu sensible dans chacun en particulier, se manifeste d'une manière incontestable dans les grandes réunions publiques. On a souvent comparé les Français aux Athéniens : les premiers ont maintenant avec ceux-ci ce trait de ressemblance de plus, de se passionner pour les productions des arts. Il ne manque à ce goût que d'être un peu moins stérile. On assiége les portes *du Salon*, on donne les plus grands éloges aux belles productions de notre école moderne, on accueille les artistes avec distinction; mais il est bien peu d'amateurs, je dis parmi les plus riches, qui poussent l'enthousiasme jusqu'à acheter le tableau qu'ils admirent. Le gouvernement répare, il est vrai, les torts des particuliers, et protége d'une manière plus libérale ces arts qui doivent briller en France d'un éclat inconnu, s'il est vrai qu'ils soient, comme on l'a dit, *le luxe des grands règnes*. Cet empressement général qui conduit tant de monde au *Salon*, ne pouvait manquer de m'y attirer souvent moi-même. J'y vais presque tous les jours braquer alternativement mes besicles sur les tableaux et sur les spectateurs. J'écoute au Salon plus encore que je ne regarde, et, à l'exemple de l'auteur des *Observations* : « Je suis là pour recueillir la sentence du vieillard, la pensée de l'enfant, le jugement de l'homme de lettres, le mot de l'homme du monde, et les propos du peuple. »

Dimanche dernier, dès neuf heures du matin, les vastes avenues du Louvre étaient obstruées par une foule immense; c'était déjà un spectacle que de la voir se presser sous ces élégans portiques que supportent de nombreuses colonnes en brèche violette, et sur ce magnifique escalier auquel il ne manque plus qu'un vestibule. Cette grande salle, que Villette appelait un *galetas*, est digne maintenant de sa destination, et du palais dont elle fait partie. Dans ces jours de solennité, les grands maîtres de l'Ecole italienne cèdent momentanément la place à leurs élèves, et quelquefois même à leurs rivaux. Si quelques-uns voient à regret remplacer leurs chefs-d'œuvre par d'informes productions, les autres n'ont point à rougir de leurs successeurs, et, sans trop de partialité pour des talens contemporains et compatriotes, il est permis de croire que, dans trois ou quatre cents ans, les Gerard, les Girodet, les David, les Gros et les Guérin figureront encore, dans ces mêmes galeries, à côté des Raphaël, des Carrache, des Titien et des Paul Véronèze.

Là, plus qu'ailleurs, j'étais curieux d'observer les premiers effets. Je vis que la multitude se portait d'abord autour des plus grandes compositions; je vis que les artistes (faciles à reconnaître à leur agitation, à l'inquiétude de leurs regards), parcouraient toutes les salles pour y découvrir leurs propres ouvrages. Je lisais sur la figure de chacun d'eux le sentiment dont il était agité. Que d'humeur exprimait la contenance de celui-ci, en voyant son *paysage* d'un effet si calme, si doux, éteint, pour ainsi dire, par deux compositions à grands fracas, au milieu desquelles il se trouve placé! Et cet autre! quelle contraction risible j'observe dans les muscles de sa face au moment où il découvre son *tableau de famille* au-dessous du plafond, dans l'angle de la galerie le plus mal éclairé!

Une espèce d'originaux, beaucoup plus plaisante à observer, est celle de ces honnêtes bourgeois dont la physionomie, un peu commune, mais pleine de bonhomie, laisse néanmoins percer un petit mouvement d'orgueil, bien pardonnable, lorsqu'ils songent qu'ils occupent un numéro dans le Livret, et une place dans la galerie d'Apollon. Aussi long-tems que durera l'Exposition, entre une heure et deux, vous les trouverez debout, en face de leurs portraits, se souriant à eux-mêmes, et placés de manière à servir de point de comparaison entre la copie et l'original.

J'ai souvent remarqué (sans pouvoir m'en expliquer la cause d'une manière satisfaisante) cette rectitude de jugement, ce goût d'instinct qui paraît être, du moins au théâtre, le partage de toute réunion d'hommes un peu considérable, à quelque classe inférieure de la société qu'ils appartiennent. Je me suis souvent, et toujours inutilement demandé, en sortant d'une représentation *gratis*, comment il se faisait que les beautés des tragédies de Corneille, de Racine fussent appréciées et senties par une multitude dont chacun des individus en particulier serait incapable d'en entendre un seul vers. Sans me permettre d'en conclure brusquement que ce tact de la multitude la sert aussi bien au Salon qu'au spectacle, je dirai qu'au premier jour de l'Exposition, les groupes les plus nombreux se formaient, dans le Salon proprement dit, autour de trois tableaux de dimensions et de sujets bien différens, dont l'un représente *Brutus condamnant ses Fils*, l'autre *Inès de Castro couronnée après sa mort*, et le troisième un *Portrait du Roi de Rome couché parmi des fleurs* : dans la grande galerie, *Charles-Quint dans l'église de Saint-Denis; Bajazet et un jeune pâtre jouant de la flûte; Virgile lisant son Enéide en présence d'Auguste*, attiraient les premiers regards : dans la salle de sculpture, la foule se pressait autour d'une *Vénus génératrice*, d'un *Hyacinthe blessé* et d'un modèle en plâtre d'*Ajax accusant les Dieux*.

J'examinerai, dans ma seconde Promenade, si l'enthousiasme populaire a changé d'objet, et s'il est d'accord avec le jugement des gens éclairés. Il serait possible que, sans m'astreindre à aucun ordre, sans prendre aucun engagement, je me permisse de tems en tems de dire mon avis sur quelques-uns des tableaux qui auront fait sur moi, en bien ou en mal, l'impression la plus forte; si je me trompe dans mes critiques, je prie d'avance les artistes mécontens de ne pas trop m'en vouloir : car je les préviens qu'après avoir étudié leur art pendant cinq ou six ans dans ma jeunesse, je n'étais pas arrivé au point de mettre une tête *ensemble*.

DEUXIÈME PROMENADE.

Tu, quid ego et populus mecum desideret, audi.
HOR., *Ars Poet.*

Écoutez ce que le public et moi nous désirons de vous.

Depuis que certains professeurs m'ont appris que Voltaire n'entendait rien à la poésie, que Grétry ne savait pas la musique, et que Rubens dessinait très-mal, je me défie du jugement, ou plutôt de la bonne foi des gens du métier. Les beaux-arts, plus que toute autre chose, ont un charme indépendant des règles; la première de toutes les poétiques est de plaire. Les principes sont indispensables; il faut les étudier, les connaître, les donner pour base au talent, et pour modérateurs à l'imagination : l'erreur est de croire qu'ils puissent jamais en tenir lieu. Combien de tragédies tout aussi régulières et tout aussi peu chanceuses que celle du pauvre abbé d'Aubignac! Combien de tableaux irréprochables à les juger le Traité de Léonard à la main, dont la perfection ne séduira jamais personne! Je fais beaucoup de cas de l'avis des gens de l'art; mais j'en fais davantage de l'opinion populaire, et sur-tout de mes propres sensations. La peinture a pour but et pour but unique l'imitation de la nature; c'est là qu'elle doit chercher ses modèles :

Respicere exemplar vitæ morumque jubebo
Doctum imitatorem.

Ses effets doivent donc frapper la multitude; et, si l'on excepte quelques parties de talent qui ne sont jamais bien senties que par l'artiste ou par l'amateur éclairé, l'aspect d'un tableau véritablement bon doit plaire également à l'ouvrier qui vient le dimanche se promener au Salon, au savant qu'on y trouve tous les jours à neuf heures, et à la femme du bon ton qui ne s'y montre que le vendredi. Dès qu'on a su que je me proposais d'avoir un avis imprimé sur la nouvelle Exposition, plusieurs conseillers se sont offerts pour me servir de compagnons (ce qui voulait dire de guides) dans mes *promenades*. Chacun avait son système, auquel il espérait me convertir. Celui-ci posait en principe que le dessin, le goût de l'antiquité, l'exactitude et la sévérité du costume devaient placer tel peintre à la tête de l'école française; celui-là se chargeait de me prouver que la couleur seule *classait* un homme, en d'autres mots, que Rubens l'emportait sur Raphaël; un troisième se flattait, avec un peu plus de vraisemblance, de m'amener à croire que l'invention (ce mot en peinture s'entend de l'idée première et de la composition) était tout le peintre (comme Buffon assure que le style est tout l'écrivain), et n'aurait pas manqué de me citer en preuves les Titien, les Dominiquain, les Paul Véronèze, qui ont pourtant bien quelque autre qualité; d'autres enfin avaient leur raison pour chercher à me persuader que la perfection du portrait doit être le but et le terme de l'art, et que telle *tête* de Van-Dyck mérite autant d'estime que le *tableau de la Transfiguration*. Pour éviter toute influence étrangère, toutes préventions d'école, je me suis décidé à me promener seul. Mon livret en main, ma lorgnette à l'œil, je veux essayer de me faire une opinion tout-à-fait indépendante, où l'on puisse être sûr de ne trouver que les erreurs de mon propre jugement, et les résultats bons ou mauvais de mes seules impressions. Je pourrais me dispenser de dire que j'ai fait cette seconde promenade, ainsi que la première, au milieu de la foule qui se porte au Salon les jours consacrés au public : on s'en apercevra sans doute, et je ne réponds pas de manifester avec autant de franchise des sentimens aussi plébéïens, lorsqu'il sera question de rendre compte de mes promenades du vendredi.

L'ordre des lieux voudrait peut-être que je m'arrêtasse d'abord dans la salle d'entrée; mais si j'en excepte *une bataille au clair de la lune*, sur laquelle je reviendrai, je ne vois là que des portraits auxquels je suis tenté d'adresser la question que Fontenelle faisait aux sonates. J'ai pourtant jeté en passant un coup-d'œil sur *M. Demidow, examinant un échantillon de mine de fer* au milieu des montagnes couvertes de neige où il se promène. A sa place, et frileux comme je le suis, je serais très-fâché de me trouver là nu-tête et sans cravate. Je traverse tout aussi vîte la galerie d'Apollon, où je me propose de revenir; j'arrive dans la grande salle, et me voilà en face de *Brutus condamnant ses fils à mort*, ayant à ma droite *un sacrifice d'Iphigénie*. C'étaient de terribles pères que ces Grecs et ces Romains! L'un fait égorger sa fille en Aulide pour avoir un vent d'ouest qui le conduise à Troie; l'autre condamne à Rome ses deux fils à la mort, pour établir la république qu'un de ses descendans croira ressusciter cinq cents ans après en assassinant son père. Admire qui voudra! ces vertus féroces, ce barbare stoïcisme ne sont pas à ma portée;

Et je rends grâce aux dieux de n'être pas Romain,
Pour conserver encor quelque chose d'humain.

Ce tableau justifie le choix que le gouvernement a fait de son auteur pour diriger l'Ecole des Beaux-Arts à Rome. On y reconnaît un talent sage, un goût sûr et formé par l'étude des grands modèles; les groupes sont bien distribués, les airs de tête d'un beau caractère, le ton de couleur bien ferme, bien vrai, et cependant le tout est sans mouvement, sans effet : on assiste froidement à cette scène effroyable. Dans le tableau, hors du tableau, les spectateurs sont impassibles comme Brutus, et son fils lui-même attend son sort avec tant d'indifférence, qu'il n'est pas étonnant qu'on la partage. Dans cette vaste composition, recommandable à beaucoup d'égards, la lumière me semble trop également répandue; l'œil hésite, et ne sait où se prendre. Le ton général de la couleur devrait être plus chaud, plus analogue au climat de Rome; je ne sais pourquoi on a l'air d'avoir froid sur cette place. L'architecture est bien locale et les fabriques bien choisies; (car je ne pense pas que l'auteur doive tenir grand compte du reproche que lui font certains critiques minutieux, d'avoir introduit dans son tableau un temple avec péristile à une époque où ce genre d'édifice n'était point connu à Rome). L'analogie du sujet, et non pas celle du talent, me conduit à dire deux mots de ce grand tableau de M. Odevard, qui représente, non pas le sacrifice, comme je le disais tout-à-l'heure, mais l'arrivée d'*Iphigénie en Aulide.* C'est une bien malheureuse composition que celle-là. Le désespoir du roi des rois se manifeste de la même manière que *le désespoir de Jocrisse;* il s'arrache une poignée de cheveux, et l'on doit croire qu'il ne tardera pas à se trouver mal, en observant que la jambe sur laquelle porte le poids de son corps, quelque arquée que le peintre l'ait faite, se trouve cependant beaucoup trop loin du centre de gravité! Le double mouvement d'Ulysse, qui serre d'une main celle d'Agamemnon, et qui lui fait je ne sais quel signe de l'autre, n'a ni intention, ni noblesse. L'Achille, qui n'est pas tout-à-fait modelé sur celui d'Homère, tient si gauchement sa lance, qu'elle paraît entrer dans le poitrail d'un cheval dont on ne devine pas la position. Les autres figures (sans en excepter celle d'un guerrier qui cache sa tête sous son manteau, pour rappeler maladroitement le tableau de Timanthe) ne sont ni mieux dessinées, ni mieux senties. Il est bon d'observer que la scène se passe en Aulide, c'est-à-dire dans la Béotie, et que le fond du tableau représente le cap Sunium, à l'extrémité de l'Attique.

Aut famam sequere, aut sibi convenientia finge.

(Peignez d'après les idées reçues, ou du moins conservez les convenances du sujet.)

J'avais remarqué, le premier jour de l'ouverture du Salon, que l'on se pressait autour d'un tableau de chevalet, lequel représente *Inès de Castro exhumée et couronnée après sa mort;* je retrouve aujourd'hui la même affluence, et ce tableau me semble justifier l'empressement dont il est l'objet. Rien de plus touchant que le sujet : don Pèdre, à son avènement au trône de Portugal, fait exhumer le corps de sa maîtresse, assassinée par ordre de son père, la couronne, et lui fait rendre les honneurs souverains. Les figures m'ont paru bien groupées, d'une expression vraie, sans la moindre trace d'affectation; mais je les voudrais plus arrêtées et plus finies. Je sais que cette manière d'indiquer les figures est celle de quelques grands maîtres; mais elle exige alors cette fermeté de la main, cette hardiesse de touche qui donne de l'expression à chaque coup de pinceau, et permet de négliger les détails. L'intérieur de l'abbaye où se passe cette cérémonie funèbre, joint au mérite d'une exécution parfaite le charme qui résulte d'une composition simple et mélancolique au plus haut degré; l'architecture gothique, le bassin qui borde le cloître, et les orangers qu'on aperçoit à travers les portiques, sont d'un effet très-pittoresque; peut-être les fabriques du fond ne se détachent-elles pas avec assez de vigueur. J'ai bien envie de faire une petite chicane chronologique, en soutenant à l'auteur qu'Inès ne fut pas enterrée d'abord dans l'abbaye d'Alcobaza, et que ce ne fut qu'après la mort de son assassin, Alphonse IV, que ses restes y furent déposés. J'ai été plus d'une fois distrait de l'attention que je donnais à ce tableau par les critiques pleines d'amertume que j'en entendais faire autour de moi, par des personnes qui me paraissaient appartenir aux premières classes de la société, et à la dernière classe des artistes:

j'ai eu d'abord quelque peine à m'expliquer cette malveillance, et j'ai fini par en trouver le secret; c'est celui de l'envie. L'auteur de ce tableau, M. de Forbin, est homme du monde : son nom lui a ouvert la carrière brillante des honneurs, son talent lui ouvre celle des arts; dans l'une et dans l'autre il doit s'attendre à marcher entre deux rangs d'ennemis. J'aurai peut-être occasion, dans une de mes *promenades* subséquentes, de dire à ce sujet ma pensée toute entière, et de parler des obstacles particuliers que rencontrent sur leur chemin ceux qui cherchent en France dans la culture des lettres et des arts une autre illustration que celle où ils se trouvent appelés par leur rang ou par leur naissance. En attendant, j'engage M. de Forbin à répondre à ses détracteurs ce que La Motte, cet autre peintre d'*Inès*, répondait un jour aux siens : *Allons donc voir pour la vingtième fois ce mauvais ouvrage.*

Je m'étais promis de ne pas sortir de la grande salle; mais il y a des tentations auxquelles je me dépêche de succomber pour m'éviter la peine d'y résister en vain : je me laisse donc entraîner par la foule dans la grande galerie, et je m'arrête avec elle devant le tableau de *Charles-Quint visitant l'église Saint-Denis :* c'est, à mon avis (qui pourrait bien être celui du public), le morceau le plus parfait de cette exposition. Composition, dessin, expression, coloris, tout s'y trouve réuni à un degré supérieur. Il est aisé de voir que la pensée de l'artiste a été méditée long-tems avant d'être fixée sur la toile; qu'il s'est transporté au 15e siècle; qu'il en a profondément étudié l'esprit, le goût et les mœurs. Ses personnages ne ressemblent pas seulement à leurs modèles par la figure, par cette démarche, par cette habitude de corps que l'histoire nous a conservées, on y retrouve jusqu'au caractère qu'elle leur donne. Toute la personne de François Ier respire la loyauté, la grâce et la franchise. Charles-Quint répond à ses prévenances avec une sorte de réserve qui n'est pas exempte d'orgueil. Son geste, son attitude, son regard, portent un caractère de finesse et de fausseté, où l'on reconnaît le monarque qui défendit les réjouissances publiques après la bataille de Pavie....

L'expression des deux jeunes princes, fils

de François Ier, est digne des plus grands éloges. La contenance de Henri II, fière et modeste comme il convient à son âge, annonce déjà cette bravoure et cette haine contre Charles-Quint, qui lui feront, dix ans plus tard, chercher ce prince à la bataille de Renti, pour se battre avec lui corps à corps. On croit l'entendre dire : « Si j'étais roi, Charles-Quint ne passerait pas impunément à travers mes Etats. »

Le jeune Dauphin prend moins de part à l'action; son caractère doux et timide est bien indiqué : à sa langueur, à l'air de mélancolie répandu sur toute sa personne, on dirait qu'il a le pressentiment de sa fin prochaine.

C'est un des caractères du talent de M. Gros de savoir faire concourir les divers accessoires à l'intérêt et à l'explication du sujet principal : c'est ainsi que, dans le tableau que j'examine, il montre un coin du tombeau de Louis XII, monument que François Ier fit élever à son prédécesseur; c'est ainsi qu'il introduit dans les tribunes cette dame Lise, surnommée la Joconde, qui eût été déplacée dans le cortége, mais qui devait être présente à cette cérémonie.

Le sentiment le plus exquis des convenances se fait remarquer jusque dans la manière dont les deux rois portent les ordres dont ils sont décorés. François Ier porte la Toison-d'Or au-dessus de l'ordre de Saint-Michel, et Charles-Quint, par une courtoisie réciproque, a placé sur sa poitrine l'ordre royal de France au-dessus de celui d'Espagne. C'est encore par suite de cet esprit d'observation qui met tout à profit, que l'auteur a sù rappeler le lieu de la scène par une figure de saint Denis portant sa tête, brodée sur une chasuble. J'ai vu seul toutes les beautés de ce tableau ; pour en découvrir les défauts, j'ai eu besoin de m'aider des yeux d'un artiste. Je crois donc (mais seulement parce que j'ai entendu répéter autour de moi cette critique par des gens instruits) que la perspective du terrain n'est pas suffisamment observée ; que certains détails ne sont pas assez finis pour un tableau de cette dimension, et qu'enfin le pilier du milieu de l'église n'est point d'un ton assez ferme, ce qui n'empêchera pourtant pas ce beau tableau d'être mis au nombre de ceux qui font le plus d'honneur à notre école.

TROISIÈME PROMENADE.

...... *Non ego paucis*
Offendar maculis.
HOR., *Ars Poet.*

Je ne m'attache pas à relever quelques fautes légères.
Imit.

Avec un talent si beau, si original, comment se fait-il que M. Girodet consente si rarement à être lui-même? L'intention d'imiter se fait sentir dans presque toutes ses productions. Je n'appliquerai pas à cet artiste distingué le mot connu de Champfort : *On peut conduire l'esprit par-tout, quand le génie ne nous emporte nulle part;* mais je lui ferai le reproche d'avoir trop peu, ou peut-être trop de confiance en lui-même. Il y a deux ans, M. Girodet exposa au Salon un très-beau portrait de Mme la comtesse de***, et ses amis crurent y reconnaître la finesse du modèle et du pinceau de Léonard de Vinci. Cette année, pour établir une lutte plus directe, il expose, comme *étude de Vierge*, une tête dans le genre de *la belle Ferronnière*, où l'on retrouve non-seulement les beautés, mais aussi les défauts du maître qu'il imite. C'est ainsi qu'il a donné aux ombres de sa figure ces teintes jaunes et noires qu'on reproche au peintre florentin quand on est las d'admirer ses beautés.

Ce tableau de M. Girodet mérite beaucoup d'éloges ; on les lui a prodigués sans restriction, voilà l'injustice : on a dit que cette tête d'étude *remplissait tout le Salon*, voilà le ridicule. Cette figure est belle; la bouche est d'une finesse admirable, les yeux d'une expression charmante ; mais la main est-elle d'une nature assez choisie ? Le petit doigt de cette main-là n'est-il pas un peu maniéré ? les ombres, près du col sur-tout, sont-elles assez transparentes ? enfin (et je fais cette dernière question avec beaucoup de timidité, en songeant qu'elle s'adresse à l'un de nos plus grands dessinateurs), l'épaule gauche n'est-elle pas élevée au point de donner quelqu'inquiétude sur la taille de cette belle personne, à qui je ne contesterai pas son titre de *Vierge*, bien qu'il y ait dans sa pose et dans sa physionomie quelque chose d'un peu mondain ?

Il en est, à mes yeux, d'un tableau d'histoire comme d'un ballet dramatique : je veux pouvoir m'en expliquer le sujet sans le secours du livret et du programme, et je commence à prendre un peu d'humeur contre le peintre quand je ne parviens pas à démêler sa pensée. C'est ce qui m'arrive après avoir bien examiné une grande composition sous le n° 101. Que font là ces quatre personnes? Elles semblent méditer sur ce qu'elles feront du cadavre d'une femme; car je la crois morte, bien morte, à en juger par ce teint livide, par cette roideur du corps, par l'action de ce jeune homme qui lui pose la main sur le cœur, sans que l'expression de sa figure laisse percer la moindre espérance. Ces figures-là sont bien drapées; mais à quel tems, à quel pays, à quel état appartiennent leurs costumes? Je fais vingt suppositions avant de consulter le livret; je l'ouvre enfin, et je lis : *Zénobie trouvée mourante sur les bords de l'Araxe*. Après avoir blâmé le choix ou du moins l'exposition du sujet, je reviens à l'exécution, où je découvre de très-belles parties de talent. Prise séparément, chaque figure est d'un bel effet; la couleur est brillante, le dessin ferme et correct : il y a là beaucoup de métier; j'y voudrais plus d'inspiration.

Avec plus de défauts peut-être, le tableau de *Pierre-le-Grand*, sous le n° 860, me plairait davantage. Je n'ai pu découvrir le sujet du tableau précédent, et j'ai bien de la peine à reconnaître l'auteur de celui-ci. Cette vigueur de ton, cette hardiesse de pinceau sembleraient indiquer M. Gros; mais il aurait conçu la scène plus fortement. Cette noble figure du Czar, tout-à-la-fois si sage et si énergique, n'est pas indigne du pinceau de M. Gerard; mais il aurait mieux groupé, mieux dessiné sur-tout les deux figures accessoires; le costume serait plus vrai, plus pittoresque; on ne prendrait pas deux matelots russes pour deux esclaves grecs. M. Girodet n'aurait pas mieux choisi son action, n'aurait pas traité son sujet plus poétiquement; mais il aurait fait contraster d'une manière plus frappante l'impassibilité du héros et la terreur des bateliers; il aurait..... Cependant cette figure du Czar est d'un grand maître; elle est bien posée; il y a de la domination dans cette tête d'une beauté sauvage. On sent que cet homme a ses raisons pour compter sur sa fortune, et qu'il ne périra pas dans cette circonstance, quelqu'imminent que soit le danger. La barque (un peu trop petite par rapport à la figure principale) est portée bien légèrement sur les vagues qui la tourmentent; le vent, la tempête se font sentir : en tout, ce tableau est d'un grand effet. M. Steube entre dans la carrière, et son premier pas annonce qu'il doit la parcourir.

Les Italiens, sur le chapitre des arts, ont un travers directement opposé à celui des Français; les talens compatriotes sont les seuls objets de leur culte; ils vivent dans un état d'extase continuelle pour les productions de leurs artistes. Voyagez-vous chez eux, et leur parlez-vous de l'état florissant de l'Ecole française? « Vous ne connaissez donc pas (vous répondent-ils avec une confiance tout-à-fait risible) les ouvrages du divin C.... ? Personne ne l'égale pour la grâce et l'élégance; en fait de sujets religieux, Raphaël lui-même a de la peine à soutenir la comparaison. Et, pour la sévérité, pour la pureté du dessin, l'*illustrissimo* B...v. n'est-il pas le premier homme de son siècle? Quant à la couleur, *il cavaliere* Lar 'i rivalise avec tout ce que l'école vénitienne a de plus fier et de plus vigoureux. » Nous pouvons en juger nous-mêmes : le signor Landi a exposé, sous le n° 528, un tableau représentant *Mars désarmé par Vénus et par les Amours;* j'aime mieux l'explication de ce bon bourgeois qui croyait y voir l'*Enfant Prodigue au milieu de ses Maîtresses*. En effet, qui pourrait reconnaître le fils de Jupiter à cette figure de poupard si plate, si niaise, à ce casque tout semblable à celui d'un comparse de mélodrame ; à cette carnation fade, à ces formes équivoques qui font planer sur le dieu des combats le plus ridicule des soupçons ? Pourquoi le retenir ? il n'a point de mauvaises intentions; je suis garant qu'il ne sort pas pour ravager la terre ; d'ailleurs, s'il reste, je ne vois pas ce que peuvent en attendre ces trois grisettes qui ne ressemblent pas plus à Vénus et aux Grâces qu'il ne ressemble lui-même au dieu Mars, et que ces deux enfans à chevelure rousse, qui se jouent sur le second plan, ne ressemblent à des Amours. Cette composition, il faut le dire, est tout-à-fait malheureuse; elle décèle, à ce qu'on assure, un bon coloriste ; mais c'est un défaut de plus que cette qualité lorsqu'elle s'applique à un pareil ouvrage.

Rien n'est beau que le vrai, le vrai seul est aimable.

M. Granger paraît bien pénétré de ce principe, applicable à tous les arts : son *Ganimède*, dans la grande galerie, sous le nº 434, est, à mes yeux du moins, un morceau très-distingué. Les contours de la figure sont très-fins, mais un peu trop découpés : le torse, d'une nature charmante, a un joli mouvement que l'on retrouve, il est vrai, dans plusieurs statues antiques ; la tête est belle, quoique d'une forme un peu carrée ; cet air modeste du jeune échanson dément les propos qu'on a tenus sur lui. J'ai entendu dire que la couleur de ce tableau n'était pas brillante ; elle est mieux, à mon avis : elle est vraie. Je vois un bel enfant, qui n'est pas rose comme le *Mars* de M. Landi, qui n'est pas étiolé comme l'*Adonis* de M. Prud'hon, dont le ton de couleur rappelle l'*Amour* du Caravage, et paraît avoir été étudié sur la nature. Quelque bien dessinée que soit cette figure, elle n'est pourtant pas, à cet égard même, exempte de tout reproche : les jambes sont grêles, les genoux lourds et le pouce du pied droit d'un choix ignoble. Cette composition, d'ailleurs très-recommandable, n'est peut-être pas tout-à-fait exempte de ce système d'école, que, depuis quelques années, les pensionnaires de Rome cherchent à reproduire. On serait tenté de croire que l'art à sa naissance est pour eux à sa perfection, et qu'ils étudient le style naïf, mais sec et maigre, du Cimabuë, du Giotto, du Massacio, etc., de préférence à celui de Raphaël, du Titien et des Carrache.

Enfin, je trouve une idée poétique : signalons-là ; car, depuis quelque tems, ces idées-là sont presque aussi rares dans la peinture que dans la poésie : Bajazet vient de perdre son fils, tombé sous le fer de Tamerlan ; sur le point de livrer une bataille qui doit combler sa ruine, il s'était éloigné un moment de ses troupes, et s'était arrêté près d'un berger qui jouait de la flûte,

Sans songer si l'Asie allait changer de maître.

Voilà donc un tableau où je trouve autre chose que du métier. M. Dedreux n'est donc pas seulement un bon dessinateur, un bon coloriste : c'est un artiste dans la force du mot, qui s'est dit qu'un tableau n'était pas seulement une toile couverte avec plus ou moins d'adresse, d'un mélange de blanc, de rouge, de bleu, de clair et d'ombre; mais qu'il fallait encore que cette toile parlât à l'imagination, qu'elle dît quelque chose à l'esprit ou au cœur. La pensée de ce tableau est grande et philosophique. La douleur profonde du monarque contraste admirablement avec l'heureuse insouciance du berger. Quel profond désespoir! quel sinistre pressentiment dans la pose et dans le regard de Bajazet! Combien la vue de ce pâtre et les sons de sa flûte doivent ajouter à son supplice! Cette composition de deux figures, remarquable par sa simplicité, l'est aussi par une exécution correcte et brillante. La figure de Bajazet, quoiqu'un peu lourdement drapée, est bien sentie et largement peinte; les têtes sont d'un beau caractère et d'une expression juste; mais la manière du maître se fait peut-être trop sentir dans le parti qu'a pris M. Dedreux, de placer ses deux figures dans la demi-teinte. Cette manière de peindre offre beaucoup moins de difficultés; mais elle produit aussi moins d'effet, principalement dans les scènes qui se passent en plein air.

A quelques pas de là, je remarque un tableau qui ne me paraît pas sans mérite : *S. M. l'Empereur accordant à madame de Saint-Simon la grâce de son père*. C'est un des tableaux du Salon où l'Empereur me paraît le plus dignement représenté. On doit citer pour le même genre de mérite le tableau de M. Colson, dont le sujet est la *Clémence de S. M. envers une famille arabe*. Mais revenons à l'ouvrage dont nous parlions. Un groupe de grenadiers, sur la droite, est aussi bien dessiné que vigoureusement peint. Ce tableau est de M. Pajou, dont le nom est avantageusement connu dans les arts.

J'aime cette hérédité de talens ; le Salon nous en offre plusieurs exemples, parmi lesquels celui des *Vernet* est sans doute un des plus remarquables. Trois générations de bons peintres sont rares dans une même famille ! Je citerai encore *Fragonard*, connu par la grâce et la suavité de ses compositions, et dont le fils a poussé au plus haut degré le mérite des dessins lavés ; *Lagrenée*, fils d'un peintre du roi, très-estimé, et cultivant lui-même avec succès plusieurs branches de la peinture. J'ai vu de lui, à cette exposition, un tableau remarquable par la beauté des chevaux, et une miniature qui se soutient à côté des ouvrages de nos premiers artistes en ce genre.

Je trouve encore dans le livret un nom bien cher à la littérature : celui du patriarche de la poésie dramatique, du Shakespeare français, le nom de M. Ducis. Son neveu a exposé deux tableaux, dont le sujet est un hommage rendu aux Muses. Dans l'un, *Le Tasse, échappé du couvent où il était retenu, se présente chez sa sœur sous les habits d'un berger;* dans l'autre, que j'ai maintenant sous les yeux, *Sapho, privée de l'usage de ses sens en apprenant l'infidélité de Phaon, est rappelée à la vie par le charme de la musique.*

Il y a beaucoup de charme dans ce dernier tableau; la composition est sage, les têtes ont de l'expression, les accessoires sont ajustés avec grâce; en tout, la manière de peindre de l'auteur a quelque chose de la bonne école italienne. La figure de Sapho est on ne peut plus gracieuse; mais je crains qu'il n'y ait un peu de bigarrure dans les draperies dont elle est vêtue et couverte. Les deux figures qui jouent de la lyre et celle qui joue de la flûte tyrienne (*servana*) sont bien posées; mais peut-être sont-elles de trop dans l'intérêt de l'action principale, de laquelle cette espèce de concert détourne l'attention : il me semble qu'un seul musicien eût exposé le sujet d'une manière à-la-fois plus forte et plus précise. J'ai bien envie encore de demander à M. Ducis d'où vient le jour brillant qui éclaire tout son tableau ? Ce n'est pas de la porte, qu'une draperie recouvre, et dont le haut ne laisse apercevoir qu'une petite partie d'un ciel obscur, indiquant les approches de la nuit. Je suis sûr que ce jeune peintre ne balancera pas à me répondre avec cette franchise qui convient au talent, qu'il a trop éclairé son tableau pour son ciel, ou qu'il a fait un ciel trop noir pour son tableau.

En m'en allant par la galerie d'Apollon, je remarque que les tables du milieu, couvertes de bustes, ne ressemblent pas mal à un vaste surtout. Parmi ces bustes, je distingue celui de M. Ducis, exécuté par Taunay. Le ciseau de cet artiste a reproduit dans toute sa beauté patriarchale la figure de l'auteur d'*Œdipe* et d'*Abufar*. Le buste de Gresset, par M. Fortin, est digne de figurer dans le foyer de la Comédie-Française, où il doit être placé à côté de celui de Piron.

QUATRIÈME ET DERNIÈRE PROMENADE.

> *Sua cuique quum sit animi cogitatio,*
> *Colorque privus.* —
>
> PHÆDR., Prol., lib. 5.
>
> Chacun a sa manière de penser et d'agir.

« JE viens vous chercher pour m'accompagner au Salon (me dit en entrant chez moi, vendredi dernier, Mme de Merval). — Madame, je n'y vais plus que les jours publics. — Quelle horreur! il doit y avoir une cohue effroyable? — Beaucoup moins, je vous assure, qu'il n'y en a le jour privilégié, par la raison toute simple que la première curiosité une fois satisfaite, les personnes qui vont là pour voir sont bien moins nombreuses que celles qui vont pour y être vues. — N'importe, je vous emmène; vous y trouverez beaucoup de gens de votre connaissance. — C'est justement ce que je voulais éviter. Chaque société n'a-t-elle pas son peintre d'affection, son tableau de choix, son amateur en titre? On sait que je m'occupe du Salon, je serai assiégé de reproches, de recommandations, d'observations intéressées; dans ce conflit d'intérêts ou de sentimens contradictoires, comment conserver une opinion à soi? — Voyez le grand malheur, quand vous feriez une fois par hasard un article de coterie? Dans le nombre de ceux dont nous sommes journellement inondés, un de plus ne se remarquera pas. — C'est du moins un tort que je suis sûr de ne jamais avoir. »

J'eus beau m'en défendre, il fallut suivre Mme de Merval. Dès la rue Froidmanteau, son cocher fut obligé de prendre la file, et nous ne mîmes pas moins d'une grande demi-heure à nous rendre au Muséum : Mme de M.... (qui se connaît en peinture, et qui aurait fort bien pu se donner, comme tant d'autres, les honneurs de l'exposition) s'arrêta dans la première salle. « J'aime ce tableau, me dit-elle en me montrant l'*Arabe qui pleure sur son coursier;* cet homme est profondément affligé; ce cheval est bien mort. — Mais il est mal tombé; ce raccourci n'est pas heureux. — Ne trouvez-vous pas qu'il y a là un sentiment bien vrai de la couleur locale ? — Ecoutez cet enfant qui prend le désert pour une terrasse de jardin bien sablée; il n'est pas de votre avis, Madame, et j'ai honte de vous dire que je suis un peu du sien, ce qui ne m'empêche pas de trouver, comme vous, que ce tableau de M. Mauzaisse est le début d'un très-beau talent. »

« J'aurais plus d'une querelle à vous faire (me dit ma compagne en entrant dans le Salon) sur quelques-uns des jugemens que vous avez déjà portés; mais à tout prendre, vos opinions se rapprochent assez des miennes pour que nous puissions en faire un échange dans l'examen de quelques tableaux dont vous n'avez encore rien dit : de ce *Caïn*, par exemple, *fuyant avec sa famille après le meurtre d'Abel.* Malgré quelques défauts de correction, quelques attitudes forcées, malgré l'exagération de la couleur d'un ciel qu'il ne tient qu'à vous de trouver ridicule, il y a dans toute cette composition je ne sais quoi de fier, de hardi, dont l'esprit et les yeux même sont plus satisfaits qu'ils ne le seraient peut-être d'une production plus régulière. — L'auteur de ce tableau, M. Paul Guérin, a fait preuve dans cet ouvrage des deux qualités dont je fais le plus de cas dans un peintre, l'imagination et la couleur ; mais il en est une troisième qui les met en valeur en les retenant dans les bornes de la nature et de la vérité : c'est le goût, et je le trouve, à dire vrai, trop étranger aux beautés de ce tableau. M. Guérin a passé le but ; dans les arts, le grand talent est de s'y arrêter, comme la plus grande preuve de vigueur et de souplesse dans un cheval lancé au galop est de former et d'arrondir un tems d'arrêt. »

J'avais pris note des tableaux que je voulais examiner, et je la consultais. « Vous êtes à ma disposition, me dit Mme de M..., et vous n'irez aujourd'hui qu'où je vous conduirai. Connaissez-vous, continua-t-elle, quelque chose de plus aimable, de plus élégant, si j'ose parler ainsi, que cette *Lecture de l'Enéide* ? Il me semble qu'on ne rend pas à ce beau tableau toute la justice qu'il mérite. Quelle finesse ! quelle légèreté de pinceau ! quel choix d'expression dans toutes les têtes ! La figure d'Octavie toute entière est peinte avec un charme exquis ; les chairs de la poitrine et des bras sont du ton le plus fin et le plus suave ; eh bien ! voyons, qu'en dites-vous ? — Je ne trouve pas un mot à ajouter à vos éloges ; mais si vous me permettez de faire la part de la critique, je suis sûr que vous conviendrez que le sujet, d'ailleurs très-bien choisi, était susceptible d'un plus haut degré d'intérêt ; que le spectateur ne voit qu'Octavie sur qui toute la lumière est concentrée, tandis que les têtes d'Auguste et de Virgile, placées dans l'ombre, se confondent avec la teinte grisâtre de l'architecture du tableau ; que la figure de Virgile est trop éloignée, ou du moins qu'elle n'est pas suffisamment rattachée à la composition par la table interposée entre les deux groupes (laquelle, par parenthèse, donne un peu trop à Virgile l'air d'un lecteur d'Athénée). — Il y a quelque chose de vrai dans tout cela ; mais laissons là les grandes compositions, et voyons les portraits. — Faites-nous grâce au moins des neuf dixièmes. Que fait, je vous prie, à la splendeur du Salon, cette foule de portraits dont les peintres et les modèles rivalisent d'obscurité ? Il me semble que, dans une exposition comme celle-ci, on ne devrait admettre.... — Que des chefs-d'œuvre, à vous entendre? — Oui, Madame, que des chefs-d'œuvre dans un genre où il n'y a véritablement pas de degré du médiocre au pire. — C'est-à-dire que vous auriez voulu ne voir ici que les portraits dont on ne nous a encore montré que les cadres; le portrait de *Mme de la Salle*, par M. Gros, et probablement ceux du *Prince archi-trésorier* et du *Magistrat en simarre*, par M. Robert Lefèvre? — En me montrant un peu moins exclusif, je conserverais encore celui de *Sa Majesté l'Impératrice*, par Mme Benoist (en lui tenant compte de son joli tableau de *sa Diseuse de bonne aventure*, sous le nº 44); celui de *Sa Majesté la Reine Hortense avec les Princes ses enfans*, par Mme Godefroi, et quelques autres qui ne se présentent pas à ma mémoire. — C'est un blasphème de mettre ce chef-d'œuvre au nombre des portraits (reprit Mme de M.... en s'arrêtant devant celui de Mme la comtesse de la Salle), c'est un tableau dans lequel il y a plus d'invention que dans vingt tableaux historiques que je pourrais citer. — Voulez-vous faire votre compliment à l'auteur? le voilà qui cause dans l'embrasure d'une croisée, avec une femme de votre connaissance. — Ma harangue serait courte; je lui dirais : M. Gros, vous avez fait les deux plus beaux tableaux du Salon. — Ce à quoi j'ajouterais : M. Gros, vous êtes resté au-dessous de vous-même dans votre portrait du *général Fournier*, dont l'attitude est on ne peut plus désagréable, et plus encore dans celui du *Roi de Naples*, où je ne vois qu'un homme à cheval : il est à l'armée ou à la parade; il regarde où il donne des ordres; le cheval piaffe ou galope; rien ne spécifie l'action, rien n'explique votre pensée. La magie même de votre palette est ici sans effet; vous êtes cru sans être brillant: donnez seulement un peu de votre couleur à ce jeune homme à qui l'on doit le *portrait équestre d'un colonel de chasseurs*; enseignez-lui le moyen de faire disparaître ce ton sale qui ternit sa composition; de donner plus de relief et plus d'expression à la figure du cavalier, et vous verrez que le tableau de M. Géricault se soutiendra avantageusement près du vôtre.

Parmi les *Paysages* que nous passâmes rapidement en revue, ceux d'Ommeganck attirèrent plus particulièrement notre attention : c'est le Paul Poter de notre âge ; mais Mme de M.... a raison, *il en revient trop souvent à ses moutons :* ces bergeries rappellent celles de Florian, où Chamfort se plaignait *de ne pas voir quelques loups.* Le Salon est si riche en paysages, que l'espace me manque pour indiquer ceux qui m'ont paru mériter une distinction particulière : de ce nombre sont presque tous ceux de M. Bidault, parmi lesquels on remarque plusieurs *Vues des jardins d'Ermenonville.* Le maître de cette délicieuse habitation, M. de Girardin, a exposé dans la galerie d'Apollon, sous le nº 248, une vue de ces mêmes jardins, peinte par lui-même avec une vérité parfaite et un talent très-distingué.

« Quelle singulière couleur ! » me dit Mme de M.... en s'approchant du tableau de M. Bouton, représentant *la Salle du 13e Siècle, au Musée des Petits-Augustins.* Je l'engageai à regarder quelques instans ce tableau avant de porter un jugement sur son mérite : « En effet, continua-t-elle, l'illusion est complète, et je ne pense pas qu'on puisse pousser plus loin la magie des effets de lumière, la science des raccourcis et la connaissance de la perspective linéaire. Richard n'a rien fait d'un effet plus piquant. »

On parlait, à côté de nous, du tableau du jeune Horace Vernet, de manière à piquer la curiosité de Mme de M....; je le lui montrai. Cette scène de nuit est éclairée de trois manières : par les rayons de la lune, par le feu d'une redoute dans le lointain, et sur le premier plan par l'éclat d'un obus. Il y a dans ce tableau des parties de talent remarquables, avec des défauts que l'étude et l'expérience feront disparaître. Le ciel, le terrain, les arbres sont trop noirs. Il n'est donné qu'à bien peu de peintres de rendre cette obscurité de la nuit dont le Poussin possédait le secret. Quant à la magie du clair de lune et des oppositions de lumière, M. Horace Vernet en trouvera le secret dans sa famille. Ce jeune artiste se montre déjà digne du beau nom qu'il porte; il a, comme son père, un talent particulier pour peindre les chevaux, et pour ajuster les habillemens modernes.

Les tableaux de genre ont un attrait particulier; ils délassent les yeux du fracas des grandes compositions : ces petites scènes villageoises, historiques ou romanesques, font l'effet d'un épisode attachant dans un ouvrage de longue haleine. Les morceaux de ce genre sont en très-grand nombre au Salon; quelques-uns sont d'un ordre supérieur, et la plupart ne sont pas sans mérite; mais en général, je suis plus content de l'exécution que du choix des sujets: je trouve qu'on a trop abusé du costume chevaleresque, des vitraux et des châteaux gothiques. Souvent l'action me plaît; mais je voudrais qu'elle se rattachât à des personnages plus connus. C'est ainsi qu'en examinant le joli tableau de Mme de Manne qui représente *Jeanne, princesse de Toulouse, faisant ses adieux aux tombeaux de ses ancêtres*, je regrette que l'auteur n'ait pas fait choix de personnages qui réveillent en moi un intérêt plus vif; qu'il ne nous ait pas montré dans une situation semblable, Marie Stuart, par exemple, visitant le tombeau de son époux, au moment de quitter la France. On sent tout ce que cette idée mélancolique gagnerait en s'associant à celles que le nom de cette reine infortunée fait naître. Cette réflexion, qui peut s'appliquer à une foule d'autres tableaux, n'empêche pas que celui qui me la suggère ne mérite beaucoup d'éloges.

Pendant que j'étais occupé à regarder ce tableau, Mme de M.... aperçut sa mère qui se promenait avec une nombreuse société; elle courut à elle, et je profitai de ma liberté qu'on me rendit pour descendre seul dans la salle où sont exposés les morceaux de sculpture. Cette Promenade étant la dernière que je me propose de faire au Salon, j'emploierai le peu d'espace qui me reste à rendre compte de l'impression qu'ont faite sur moi les ouvrages qui ont plus particulièrement attiré mon attention.

L'*Ajax*, de M. Charles Dupaty, a d'abord fixé mes regards. Cette figure, *pensée* avec beaucoup d'énergie, est exécutée avec une extrême chaleur. C'est bien là ce farouche Locrien, ce fils d'Oïlée, qui, sauvé du naufrage, s'écrie en s'élançant sur un rocher : *J'en échapperai malgré les Dieux!*

Cet ouvrage est évidemment le fruit d'une imagination forte et d'un talent nourri d'excellentes études; je ne doute pas que l'exécution de cette statue en marbre ne mette le sceau à la réputation de son auteur. Rien n'est moins fondé, à mon avis, que le reproche que j'ai entendu faire à M. Dupaty, d'avoir emprunté à la sculpture antique la tête de son *Ajax* : elle est de tradition, et appartient de droit à tous les artistes qui représenteront ce héros sur le marbre ou sur la toile.

J'ai entendu un homme de l'art faire auprès de moi l'observation que, dans cette statue, la jambe ployée était beaucoup plus courte que l'autre; mais la belle figure du *Gladiateur*, dans une pose qui a quelque analogie avec celle de l'*Ajax*, a donné lieu à la même remarque : ce qui me porterait à croire que cette inexactitude n'est point une incorrection.

La *Vénus Génitrice*, du même auteur, brille par un mérite tout différent; on y reconnaît la chaleur voluptueuse et l'inspiration des beaux vers de Lucrèce : je puis me tromper, mais il me semble que les jambes n'en sont pas d'une nature aussi choisie que le reste. Quoi qu'il en soit, cette statue, l'une des plus belles de cette exposition, prendra rang parmi les ouvrages dont s'honore la sculpture moderne.

Depuis le *Cyparisse* de Chaudet, on n'a rien fait de plus gracieux que l'*Hyacinthe blessé* de M. Callamar. Le mouvement du torse est charmant : on y remarque cette *ligne serpentine* pour laquelle se passionnait Hogarth, et qu'on retrouve, en effet, dans presque toutes les belles statues antiques. Tous les membres souffrent, mais sans irritation; l'expression de la tête est pleine de sentiment et de douleur. C'est (pour me servir d'une comparaison de Virgile) une fleur dont la charrue vient d'effleurer la tige, et qui se penche en mourant vers la terre.

Le *Philoctète* de M. Gois rappelle l'auteur du groupe des *Horaces*, exposé il y a douze ans, si j'ai bonne mémoire. La tête du héros est d'un grand caractère; la poitrine paraît un peu renflée (défaut qu'augmente encore l'aplatissement du ventre, que la pose nécessite); les cuisses et les jambes sont étudiées avec le plus grand soin, et si l'ensemble de cette figure ne produit pas l'effet que l'auteur avait droit d'attendre du talent qu'il y a déployé, il faut en chercher la cause dans le choix de son sujet, ou du moins dans la manière dont il a cru devoir le traiter.

FIN.

[illegible]
laquelle se passaient [illegible]
[illegible] ces personnages, les [illegible]
[illegible]. Tous les membres souffrent,
[illegible] l'expression de la figure est
[illegible] et de douleur. C'est Jésus
[illegible] de l'apôtre [illegible]
[illegible] la tête, et
[illegible] vers la terre.

[illegible] Cette chapelle [illegible]
[illegible] et il y a douze ans, il
[illegible]. La tête du Sauveur est d'un
grand caractère [illegible]
[illegible] l'isolement du
[illegible] les cuisses et les
jambes sont [illegible] le plus grand soin, et
si l'ensemble de cette figure ne produit pas
l'effet que l'auteur avait droit d'attendre de
[illegible], il faut en chercher la
cause dans le choix du sujet, ou du moins
dans la manière dont il a été [illegible]
[illegible]

TABLE.

	Pages
Les Époques de la galanterie française	1
La Journée d'un Fiacre	24
Lectures et succès de Salons	37
Le Chapitre des Considérations	49
La Prison pour dettes	61
Quelques Ridicules	74
Les Restaurateurs	85
La Maison des Fous	105
Paris à différentes heures	129
Promenade à la Bibliothèque Impériale	139
La Maison de Prêt	153
Histoire d'un Jockey	166
Le Marché aux Fleurs	179
Le Café Touchard, ou les Comédiens de province	191
Vente après Décès	203
La Matinée d'une jolie Femme	216
Une première Représentation d'aujourd'hui	229
Un Duel	243
Institution des Sourds-Muets	257
Une Maison de la rue des Arcis	270
Le départ de la Chaîne	292

Pages

Le Salon de 1812. Première Promenade. 306
Deuxième Promenade. 316
Troisième Promenade. 329
Quatrième et dernière Promenade. 341

FIN DE LA TABLE DU TROISIÈME VOLUME.

www.ingramcontent.com/pod-product-compliance
Lightning Source LLC
LaVergne TN
LVHW010536100826
845148LV00001B/209

9782012184824